이야기가
있는
생활
자수

봄볕 아래
수를 놓다

55°

차 례

모든 것은
아주 사소한 것에서
시작되는 듯합니다.

십 수 년 전, 보자기 작품집을 보고 홀딱 반해 조각보를 배우고 그러다 천연염색을 만나고 자수 또한 알게 되었습니다. 그 당시 자수를 놓는 것보다 푼사를 꼬는 게 너무 힘들어 '자수는 내가 할 수 없는 일이구나' 하고 포기를 했던 기억이 새삼스럽게 나네요. 게다가 실크 자수실은 구입하기도 어려웠습니다. 그러던 중 외국 책에서 본 면천에 면실로 꽃들을 수놓은 것을 보고 따라해보고 싶었으나 까만색은 글씨요, 흰색은 종이로 보이니 여간 답답한 것이 아니었지요. 그래서 누군가 해줬으면 했습니다. 누군가 자수 스티치 기법 책을 내줬으면 하는 바람. '자수가 좋아 미치겠어' 이런 마음보다는 우리 집 마당에 핀 꽃들을 수놓아 보고 싶다는 단순한 마음이었습니다.

중학교 시절 가정 시간에 한 두 시간 배운 스티치 기법은 가물가물하고, 25번사 면실로 수놓았는데 실을 여러 가닥 쓸 경우 어떤 바늘을 사용하는지, 더 두꺼운 실은 도대체 뭔지 온통 궁금하였으나 알려주는 곳이 없었지요. 그렇게 세월은 그냥저냥 지나갔는데, 고맙게도 몇 년 전부터 번역서도 나오고 야생화 자수를 하시는 분들의 책도 출간되어서 기뻤습니다.

남은 자투리 천을 이어 새로운 쓰임이 된 조각보. 그 자체로도 충분히 매력적이지만 조각조각의 패턴을 보는 것도 너무 재미있고, 조각조각 색깔을 맞춰보는 일은 더 즐거웠습니다. 자수도 그랬습니다. 수를 못 놓더라도 작은 스티치 하나만으로 천에서 생명력이 솟아나는 그 느낌. 이미도 자수를 놓고 싶은 분들의 마음은 저와 같을 것입니다.

이 책에서는 재료와 도구, 스티치 기법을 소개하고 있으며, 자수를 이용한 소품도 만들어 볼 수 있게 도안도 들어 있습니다. 면실 25번사의 경우 6가닥으로 되어 있지만 표현하고자 하는 것에 따라 실의 가닥수를 조정해서 사용할 수도 있고, 실을 섞어 사용해 색감을 풍부하게 만들어 보시기 바랍니다. 어느 한 가지 방법만을 고집하지는 말았으면 합니다. 이 책에 쓰인 원단은 거의 천연염색을 하였으나 그것 또한 굳이 그럴 필요는 없습니다. 주변에서 쉽게 구할 수 있는 원단과 실이면 충분합니다. 그것이 준비 되었다면 바로 시작하기만 하면 됩니다. 이 책에 나오는 자수는 그다지 어렵지 않습니다. 스티치 기법은 단순하며 처음 하시는 분들도 누구나 따라 할 수 있습니다. 제가 처음 자수를 할 때 몰랐던 부분들을 여러분들은 이 책을 통해 쉽게 찾을 수 있기를 바랍니다.

오늘 아침, 마당에 나서니 가을 공기가 제법 매섭습니다.
자작나무와 느티나무는 잎을 떨구었고, 감은 거의 다 익어 곧 따서 곶감을 만들어야 될 듯 싶습니다. 이 책은 이러한 소소한 이야기들을 자수로 풀은 책입니다. 시골에 살면서 한 포기씩 심은 꽃과 나무, 풀 이야기입니다. 자수를 시작했을 때도 그랬고, 자수를 하면서도 항상 생각합니다. '나는 자수로 무엇을 이야기 하고 싶은 걸까?' 여러분도 여러분만의 이야기를 자수로 풀어보시길 바랍니다.

나의 작업실

마당에서 만난 꽃과 풀, 햇살을 그려봅니다.
밑그림 작업이 끝나면 고운 색색의 실을 고릅니다.

천연염색으로 곱게 물들인 모시 천들.
작업을 도와주는 미싱과 갖가지 단추, 색연필, 자수실들.

자수틀과 바늘은 항상 준비해 둡니다.

자수 재료와 도구 

자수실 이야기

무명천에 야생화 꽃 자수를 놓을 때는 25번 면실만 있는 줄 알았습니다. 그런데 어느 날 아주 두꺼운 실로 된 작품을 보고 그 실의 정체가 궁금해졌습니다. 그리고 알았습니다. 자수 실도 재질별로, 두께별로 다양하다는 사실을. 그러다 자수 관련 교재도 여럿 나오고 여기저기에서 실을 구입하면서 몇 가지 실을 알게 되었습니다. 자수실은 종류별로 모두 갖출 필요는 없지만, 알고 있으면 수를 놓을 때 도움이 됩니다.

이 책에 나오는 작품들은 대부분 DMC 25번사를 사용했습니다. DMC사뿐 아니라 앵커, 코스모, 올림푸스 등 다양한 브랜드가 있으니 취향에 따라 선택하세요. 25번사는 구입하기 쉽고 가격도 저렴할 뿐만 아니라 6가닥이 한 올로 되어 있어 몇 가닥을 쓰느냐에 따라 느낌이 달라지는 장점이 있어 즐겨 사용하고 있습니다. 자수실은 크게 면실, 리넨실, 실크실, 울실이 있습니다. 물론 실의 종류는 더 다양하며 어떤 실을 사용하든 무방합니다. 그럼 하나씩 살펴볼까요?

면실 면실은 번수가 적을수록 실이 굵어집니다.

DMC 25번사 (단색)
DMC 25번사 (복합사)
DMC 25번사 (베리에이션사)
DMC 25번사 (메탈릭사)

25번사 면실로 가장 많이 사용되며 6가닥의 가는 실로 이루어져 있고, 색상은 400여 종류가 있습니다. 필요한 만큼 1가닥씩 뽑아 사용합니다. 표현하고자 하는 질감에 따라 가닥수를 선택해서 사용하며, 이 책에서는 2~3가닥을 주로 사용하였습니다. 단색과 여러 가지 색이 있는 복합사와 베리에이션, 반짝이는 메탈릭사 등 스타일이 다양합니다.

DMC 12번사
발다니 12번사

12번사 25번사의 2가닥 굵기가 한 가닥의 실로 이루어져 있고 광택이 있습니다.

DMC 8번사
발다니 8번사

8번사 25번사의 4가닥 정도의 굵기가 한 가닥의 실로 이루어져 있습니다. 5번사 보다 조금 가늘며 탄탄한 꼬임으로 광택과 탄력성이 있어 다양한 스티치에 활용됩니다.

DMC 5번사 (단색)
DMC 5번사 (복합사)

5번사 한 가닥의 굵은 실로 이루어져 있고 광택이 있습니다. 볼륨감이 있어 큰 도안이나 뚜렷한 선을 표현하기에 좋습니다.

리넨실

리넨실 광택이 없으며 까칠까칠한 느낌이 나서 내츄럴한 느낌을 표현하기 좋습니다. DMC의 리넨실은 25번사의 면실과 마찬가지로 6가닥이 한 올로 되어 있습니다.

실크실

울실

실크실 실크의 특성상 광택이 있습니다. 다양한 브랜드에서 선보이고 있으며 전통자수에 사용하는 명주실도 실크실의 한 종류입니다.

울실 울의 특성상 포근하고 따뜻한 느낌을 주며 볼륨감을 표현하기 좋습니다. 니트용 의류나 소품에 적당하며 브랜드 별로 있습니다. 사진에 소개된 울실은 애플톤의 크루웰 울실입니다.

자수실 정리하는 방법

25번사는 일반적으로 보빈에 감아서 사용하는데, 감겨 있다 보니 돌돌 감긴 자국이 생기고, 또 몇 가닥 쓰고 다시 보빈에 감아 놓으면 실이 푸석푸석해지며 지저분합니다.
전통 자수에서 실크실을 정리하는 방법처럼 자수실을 정리하면 사용하기 편리해요.
5번사는 타래로 되어 있어 꼬임을 풀어 가운데 부분을 한 번 잘라서 같은 방법으로 사용합니다.

How To

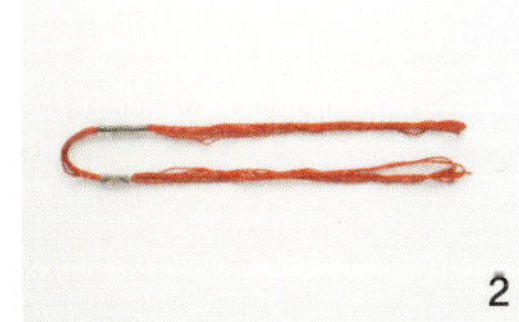

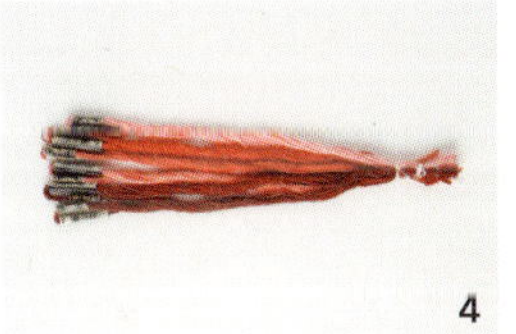

1 25번사 실(8m)을 풀어서 반으로(4m) 접고, 이를 다시 반으로(2m) 접습니다.
2 2m로 접은 실을 3등분해(약 66cm) 양 끝에 고리(실을 살 때 끼워있던 실 번호와 회사명)를 넣습니다.
3 아래쪽 접힌 실은 가위로 자르고 한꺼번에 무명실로 묶습니다.
4 비슷한 계통의 색깔끼리 아래쪽에 같이 묶습니다.

실 엉키지 않게 뽑는 법

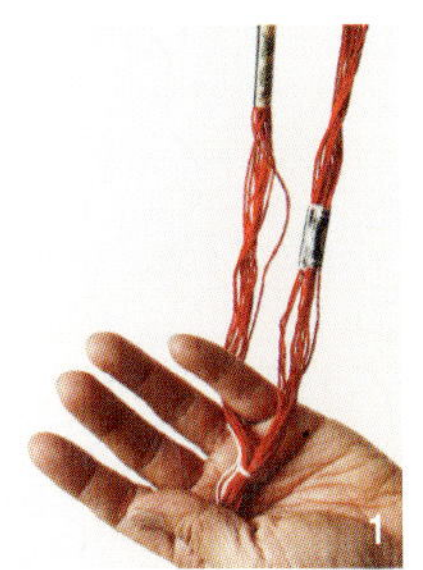

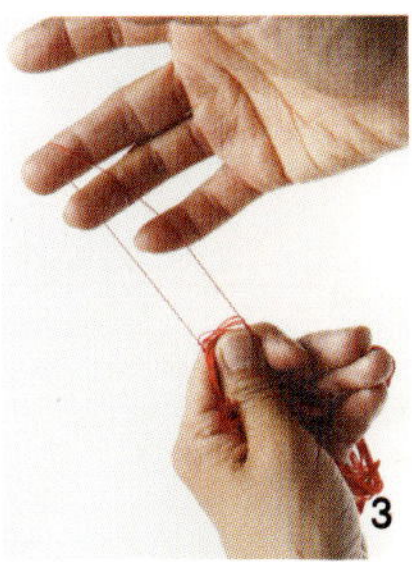

How To

1 새끼손가락을 무명실로 묶은 아래쪽에 끼우고 엄지로 끝을 잡습니다. 실 전체를 감싸 잡습니다.
2 실타래 윗부분을 새끼손가락과 약지사이로 돌려 검지와 중지로 잡습니다.
3 위쪽 두 개의 고리가 있는 부분에서 한 가닥씩 천천히 뽑습니다.

바늘 이야기

'명필은 붓을 탓하지 않는다'라는 말이 있지만 도구가 좋아야 작업이 편합니다. 물론 전문가용을 다 갖추어야 되는 건 아니지만 기본적으로 정확한 쓰임 용도를 알아두면 바느질이 훨씬 편하답니다. 요즘은 프랑스 자수 바늘을 쉽게 구할 수 있어 수월하지만 자수 초보자는 그래도 처음에 어떤 바늘을 써야할지 막막합니다. '2가닥을 사용하려면 1가닥을 길게 해서 접어야 되나?' '수 잘못 놓아서 풀어야 될 때는 어떻게 하지?' '2가닥을 한꺼번에 넣어서 쓰나?' '25번사 6가닥을 넣으려면 바늘귀가 얼마나 커야 되지?' '십자수 바늘은 귀가 크지만 끝이 뭉툭해서 수놓기 어려운데…'

실에 비해 바늘이 가늘면 실이 상하고, 실에 비해 바늘이 굵으면 천에 구멍이 생기므로 실과 바늘의 굵기가 적당해야 합니다. 즉 실의 굵기나 천의 종류에 따라 바늘의 크기를 달리 사용해야 합니다. 바늘은 호수가 작을수록 커집니다.

클로버사의 프랑스 자수 바늘을 추천하는데, 이 회사 제품이 아니더라도 프랑스 자수 바늘로 수놓기를 권합니다. 블리언 스티치 경우에는 실의 가닥 수 보다 한 호수 큰 바늘을 사용하거나 리본자수 바늘을(5번사도 동일) 이용하면 편합니다.

프랑스 자수 바늘

3호 6가닥
4호 5~6가닥
5호 4~5가닥
6호 3~4가닥
7호 2~3가닥
8호 1~2가닥
9호 1가닥

리본 자수 바늘

천 이야기

어떤 원단에든 수를 놓을 수 있습니다. 다만 수를 처음 놓는다면 신축성이 적은 중간 두께(20~30수)의 평직의 면이나 마 소재 원단을 추천합니다. 무명천이 좋은데 옛날 어머니들이 손으로 짠 고운 무명은 구하기 어렵습니다. 대신 요즘은 두께도 다양하고 넓은 폭의 광목을 쉽게 구할 수 있습니다. 단 수축할 수 있으니 수를 놓기 전에 천을 세탁해 말린 다음, 다림질하여 사용하세요. 다음은 이 책에서 사용한 원단입니다.

면(COTTON) 목화솜에서 뽑은 천연섬유로 구김이 잘 가는 단점이 있으나 수분을 잘 흡수하고 세탁이 쉬워 친숙하고 대중적인 섬유입니다. 원단의 두께는 번수로 표기하는데 숫자가 클수록 원단이 얇아집니다. 수를 놓기에는 20~30수의 평직의 원단이 적당한데 두꺼운 원단은 바늘이 잘 들어가지 않아 힘들고, 너무 얇은 원단이나 거즈 원단은 실올이 당겨져 수놓은 부분과 주변부가 편안해지지 않습니다.

무명

무명 전통 손무명은 자연스러운 질감이 장점이나 폭이 좁고(35~40cm) 구하기 어렵다는 게 단점입니다. 최근 기계직 무명도 판매되는데 두께별로(7수~30수) 나와 있고 폭도 넓어(110~150cm) 봉도에 맞게 사용하기 좋습니다.

광목 소면사를 이용하여 평직으로 짠 폭이 넓은 면섬유입니다. 광목 생지는 표백과 염색공정을 거치지 않아 수축할 위험이 크므로 세탁 후 사용하길 권합니다.

리넨

리넨(LINEN) 마(RAMIE)의 한 종류인 아마의 실로 짠 천연섬유입니다. 리넨는 수분의 흡수와 발산이 빠르고 강도가 세 여름용 의류와 침구에 많이 쓰입니다. 구김이 잘 가는 단점이 있지만 광택이 좋고 열전도율이 커 시원한 느낌을 주는 고급 원단입니다.

모시

모시(RAMIE, 저마) 마(RAMIE)의 한 종류로 저마라고도 합니다. 까슬까슬하고 시원한 촉감에 수분의 흡수가 빨라 예전부터 여름용 의류에 주로 이용되어 왔던 원단입니다. 이 책에서는 소품에 사용되었는데 가리개나 소품에 포인트로 수를 놓으면 색다른 느낌을 줄 수 있습니다.

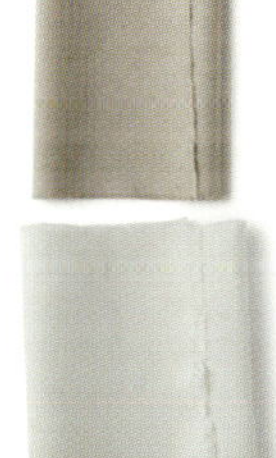

면, 마 혼방

면, 마 혼방 (LINEN COTTON, 리넨 코튼) 면과 마(리넨)이 섞인 원단으로 혼방 비율은 50:50 이나 60:40 정도가 많이 나와 있습니다. 리넨 코튼이라 부르며 면의 부드러움과 마의 시원한 느낌을 가진 면, 마의 장점을 살린 혼방 원단으로 입니다. 수축 방지를 위해 워싱 처리가 된 원단도 있습니다.

And More!! 천연섬유는 보통 면(COTTON), 마(RAMIE), 견(SILK), 모(WOOL)로 구분합니다. 면과 마, 면과 견, 견과 마 등등 서로 혼방해서 나오는 경우도 있습니다. 실이나 원단도 이렇게 종류별로 구분하면 구입할 때 도움이 됩니다.

자수 도구 이야기 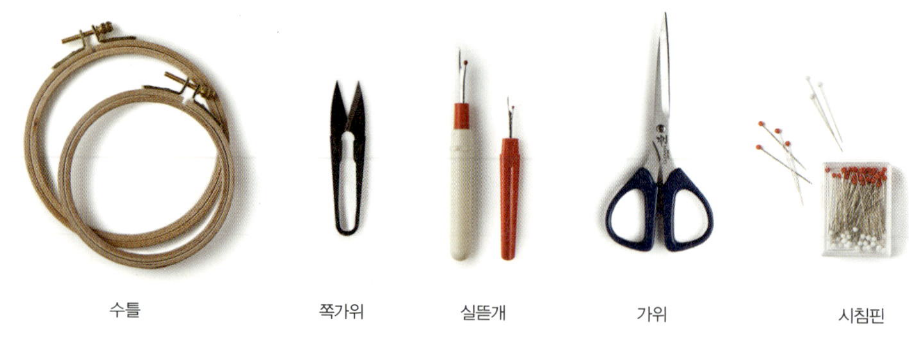

수를 놓을 때는 바늘과 실, 천 이외에도 다른 도구들을 사용합니다.
천과 실, 바늘만 준비되면 수를 놓을 수 있습니다. 이 때 자수를 놓기 위해 도움을 주는 도구들은
꼭 있어야 되는 건 아니지만 갖추고 있으면 수놓을 때 편리합니다.

수틀   쪽가위   실뜯개   가위   시침핀

수틀 천을 고정하기 위해 사용합니다. 모양으로는 사각형과 원형이 있고 재질별로 나무수틀과 플라스틱 수틀이 있습니다.
대개 둥근 수틀을 많이 사용합니다. 수틀 크기는 작품 크기를 고려해 정해야 합니다. 또한 수틀을 한 손으로 쥐고 수를 놓을
경우, 수틀이 너무 크면 손에 무리를 주거나 천 가운데가 늘어날 수 있으므로 지름 10~15cm 정도가 적당합니다. 둥근 수틀의
조이는 나사는 왼쪽 위쪽으로 두고 사용하면 수실이 걸리지 않습니다.

쪽가위 자수실을 자를 때는 가위보다는 쪽가위가 편합니다. 쪽가위는 날이 부드러우면서도 날렵한 것이 좋습니다.

실뜯개 수를 잘못 놓았을 때 실을 뜯는 도구입니다.

가위 재단용 가위는 아랫날이 바닥에 닿도록 해서 천을 자릅니다. 재단용 가위로 종이를 자르면 날이 무더지므로
원단에만 사용하는 것이 좋습니다.

시침핀 원단과 도안지를 고정시킬 때 사용합니다. 문방구에서 파는 시침핀은 두껍고 무뎌서 불편하므로 가늘고 날렵한
바느질 전용 시침핀을 사용하는 것이 좋습니다.

도안 이야기 

수를 놓기 위해서는 도안이 꼭 필요합니다. 보통 수놓는 것보다 도안 그리는 것을 더 힘들어 하는데,
조금씩 연습하다보면 실력이 느는 것을 느낄 수 있습니다. 도안은 원단에 직접 그리는 방법과
책에 있는 도안을 천으로 옮기는 방법 두 가지로 나눌 수 있으며 필요한 도구도 다릅니다.
도안을 정확하고 깨끗하게 그려야 수를 놓기도 수월하고 작품 완성도도 높습니다.

천에 도안을 직접 그리는 방법

준비물 : 수성펜, 기화펜, 수성펜 지우개

원단에 직접 도안을 그릴 경우 수성펜이나 기화펜을 사용합니다. 수성펜은 물로
지워지는 펜이고 기화펜은 일정시간이 지나면 색이 없어집니다. 다리미로 다리면
지워지는 펜도 있습니다. 하지만 이런 도구가 반드시 있어야 하는 것은 아닙니다.
연필로 그려도 상관없습니다. 수성펜 지우개는 수성펜으로 그린 도안을
지울 때 사용하는데, 없다면 면봉에 물을 묻혀 살살 눌러가며 지우면 됩니다.

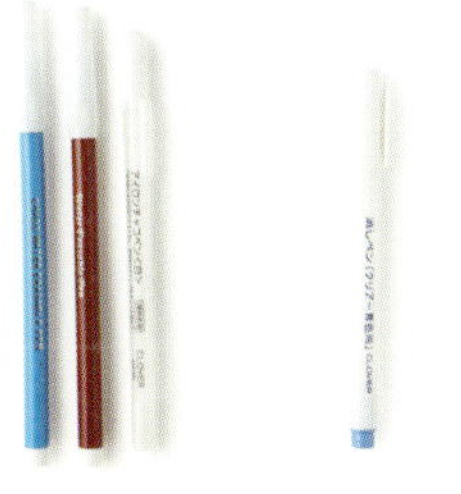

수성펜   수성펜 지우개

천에 도안을 옮겨 그리는 방법

준비물 : 먹지 또는 초크 페이퍼, 트레이싱 페이퍼, 셀로판지

도안을 트레이싱 페이퍼(기름종이) 밑에 놓고 연필로 따라 그린 다음, 수 놓을 천 위에 올리고 트레이싱페이퍼
와 천 사이에 초크 페이퍼를 끼워 도안을 그립니다. 앞의 방법이 번거로우면 도안을 복사지에 복사해서 천 위
에 올려 볼펜으로 그려주는 방법도 있습니다. 이때 도안의 위치를 잘 잡아야 하며 종이 두께가 있으면 약간
눌러주는 느낌으로 그림을 그려야 합니다.

먹지

먹지 문방구에 파는 일반 먹지를
사용하면 됩니다. 색깔별로 나와 있
어서 원단의 색깔을 고려해 사용하
면 되는데, 너무 진하게 그리면 얼
룩지거나 번질 위험이 있으니 주의
하세요.

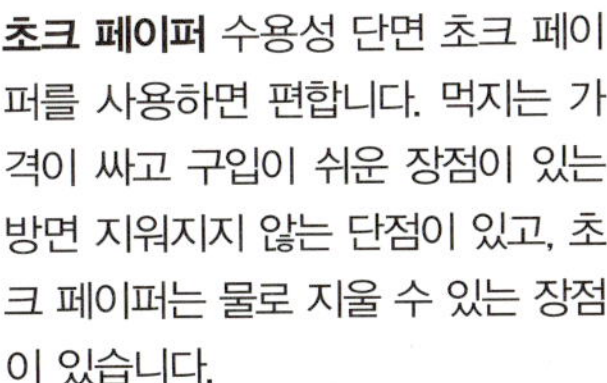

초크 페이퍼

초크 페이퍼 수용성 단면 초크 페이
퍼를 사용하면 편합니다. 먹지는 가
격이 싸고 구입이 쉬운 장점이 있는
방면 지워지지 않는 단점이 있고, 초
크 페이퍼는 물로 지울 수 있는 장점
이 있습니다.

트레이싱 페이퍼

트레이싱 페이퍼(기름종이) 도안 위
에 트레이싱 페이퍼를 놓고 연필로
그립니다.

셀로판지

셀로판지 트레이싱 페이퍼 위에 올
려 철필(볼펜처럼 생긴 펜으로 도안
을 그릴 때 사용)이나 볼펜으로 도안
을 그립니다. 트레이싱 페이퍼가 찢
어지는 것을 방지하고 철필이 부드
럽게 움직여 도안을 그릴 때 편합니
다. 셀로판지가 없으면 투명 비닐을
활용해도 됩니다.

자수, 준비에서 마무리까지

준비하기

바늘에 실 꿰는 방법

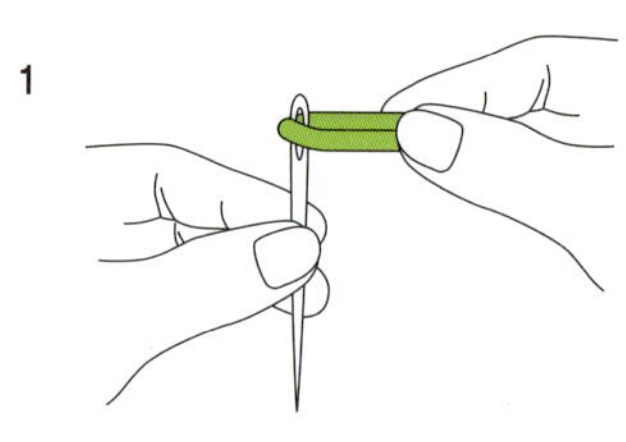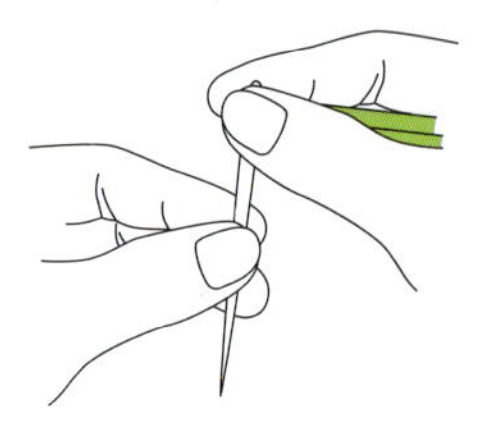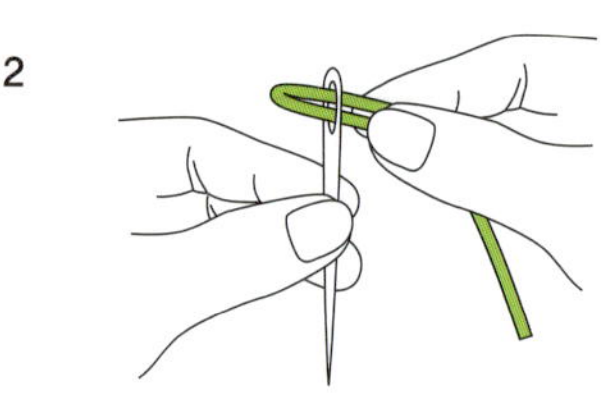

1 왼손으로 바늘을 잡고 오른손으로 실 끝을 약 3cm 정도 접어 바늘 끝에 겁니다. 오른손으로 바늘 끝에 걸린 실을 눌러 자국을 냅니다.
2 오른손의 엄지와 검지로 접힌 부분을 잡아 바늘귀에 밀어 넣은 뒤, 통과한 실을 빼냅니다.

매듭 짓는 방법

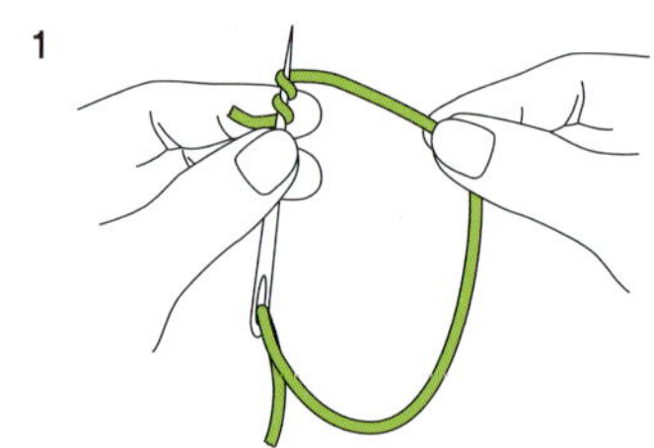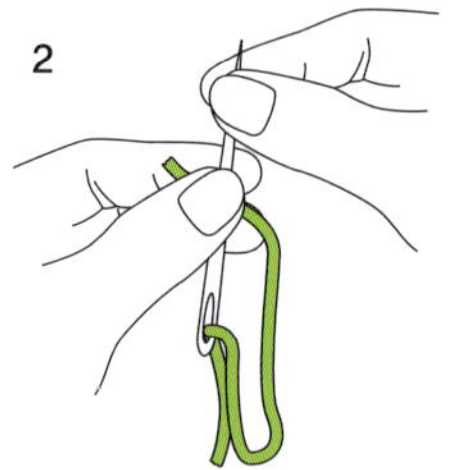

1 왼손에 바늘을 잡고 오른손으로 실을 바늘 끝에 한두 번 감습니다. 이 때 왼손 검지손가락위에 바늘을 올려놓고 하면 편합니다.
2 왼손 엄지와 검지손가락으로 매듭을 잡고 오른손으로 바늘을 잡아 당겨 매듭이 끝에 맞히도록 합니다.

시작과 끝맺음

자수 시작하는 방법

자수는 일반적으로 시작과 끝맺음할 때 매듭을 짓지 않습니다. 뒤에 매듭이 있으면 천이 얇을 경우 멍울이 지고 수를 놓다가 매듭에 걸리기도 하기 때문에, 시작할 때와 끝낼 때는 매듭 없이 수를 놓은 뒤 뒷면의 실에 걸어서 자릅니다. 그렇지만 자주 세탁을 해야 할 경우이거나 처음 자수를 시작하는 분들이라면 매듭을 짓고 시작하세요.

작가 추천 방법

수틀이 클 경우 뒷면에 실을 걸기가 번거롭기 때문에 다음과 같은 방법으로 합니다.

자수를 시작할 때는 먼저 실에 매듭을 지어 도안 위에 수를 짧게 두 땀 놓습니다. 그리고 도안대로 서너 땀 자수를 놓은 뒤 매듭을 자릅니다. 자수를 끝맺음할 때는 수놓은 사이로 바늘을 빼서 처음과 마찬가지로 짧게 두 땀 놓은 뒤, 바늘을 천 앞면으로 빼고 살짝 잡아 당겨 쪽가위로 바짝 자릅니다. 이렇게 하면 시작과 끝맺음에도 매듭이 없답니다.

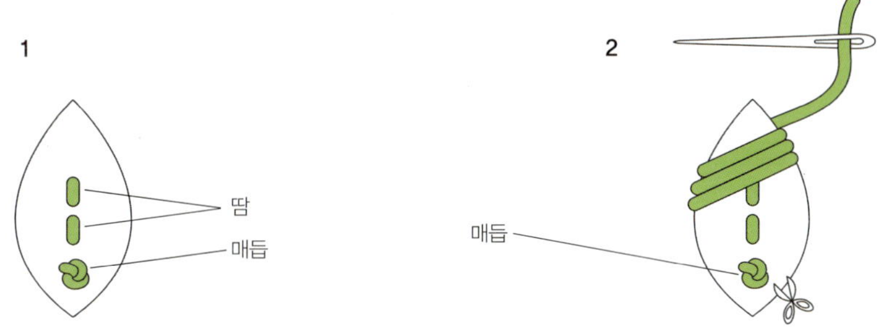

1 매듭이 원단 위로 오도록 하고 두어 땀 정도 짧게 뜹니다.
2 수를 놓다가 매듭을 자릅니다. 미리 땀을 떴기 때문에 실이 풀어지지 않고 뒤에 매듭이 없어 걸리지 않습니다.

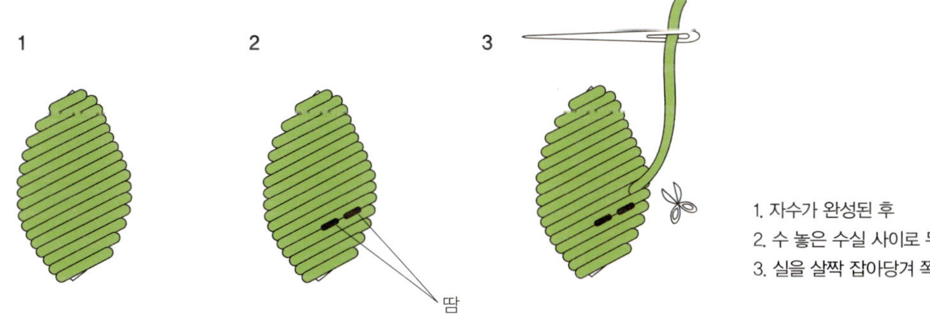

1. 자수가 완성된 후
2. 수 놓은 수실 사이로 두어 땀 놓습니다.
3. 실을 살짝 잡아당겨 쪽가위로 바짝 자릅니다.

마무리하기

자수 작업이 끝나면 수성펜이나 초크 페이퍼의 자국은 면봉에 물을 묻혀 지우고 뒷면의 실도 정리합니다. 얼룩이 심할 경우 중성세제 푼 물에 가볍게 세탁하여 수건으로 물기를 제거합니다. 다림질 할 경우 자수 뒷면에서 해야 됩니다. 다리미판에 수건을 놓고 흰 천을 놓은 뒤 수 놓은 천을 뒤집어 놓고 다림질 하세요.

자수의 스티치 방법

프렌치 너트 스티치

바늘로 실을 1~2회 감아서 매듭을 만든 스티치를 말한다. 바늘을 빼서 왼손 검지와 엄지로 실을 잡고 바늘로 실을 1~2회 감아 처음 뺀 자리 바로 옆에 수직으로 꽂는다. 이 때 감는 횟수에 따라 너트의 크기가 달라진다. 주로 꽃술 등을 표현할때 사용한다.

스트레이트 스티치

한 땀의 스티치로 바늘땀의 길이나 방향에 따라 다양하게 수놓을 수 있다.

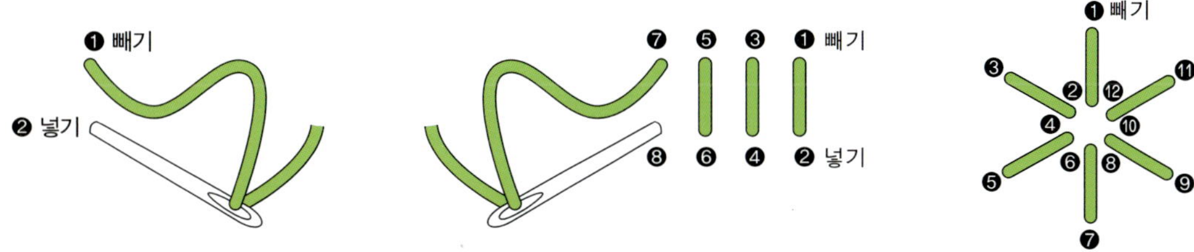

러닝 스티치

일정한 간격으로 한 땀씩 앞뒤를 오가며 수놓아가는 스티치로 바느질의 홈질과 같다. 오른쪽에서 왼쪽으로 수놓으며, 가는 선이나 가장자리에 주로 사용하는 기본적인 스티치이다.

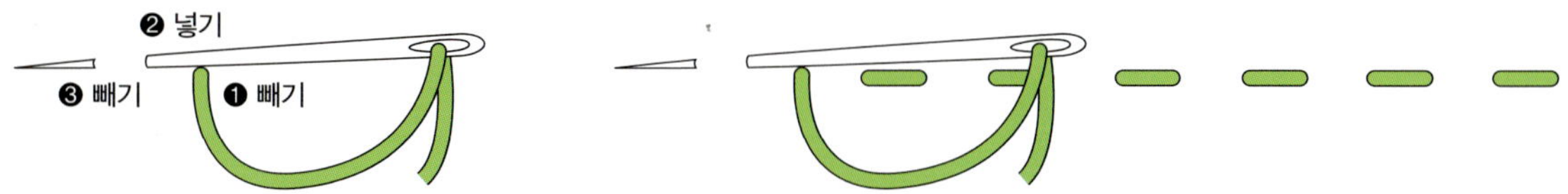

백 스티치

뒤로 한 땀씩 되돌아 앞으로 나가는 스티치로 박음질과 같다. 오른쪽에서 왼쪽으로 놓는다.

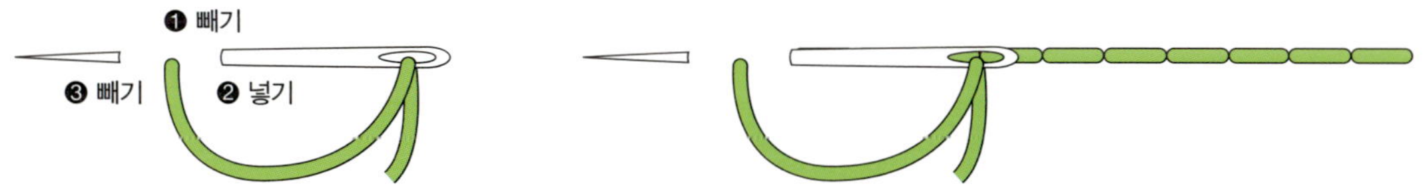

아웃라인 스티치

왼쪽에서 한 땀을 뜬 후 반 땀을 되돌아가는 스티치로 윤곽선에 주로 사용된다. 되돌아가는 땀의 길이에 따라 선의 굵기를 다르게 할 수 있다. 곡선일 경우 땀을 짧게 해야 자연스럽다. 아웃라인 스티치로 면을 채우기도 하는데 이를 아웃라인 필링스티치(outline filling stitch)라고 한다.

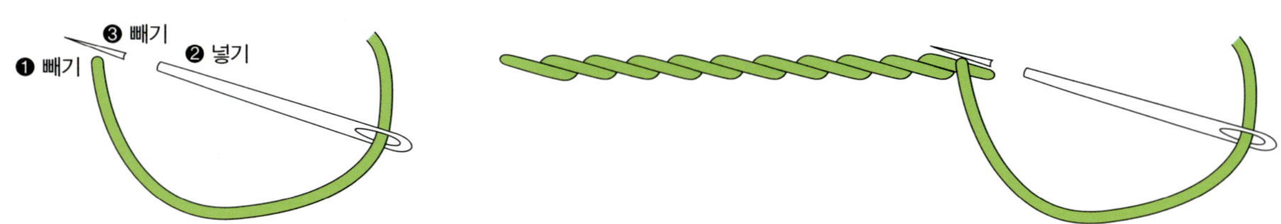

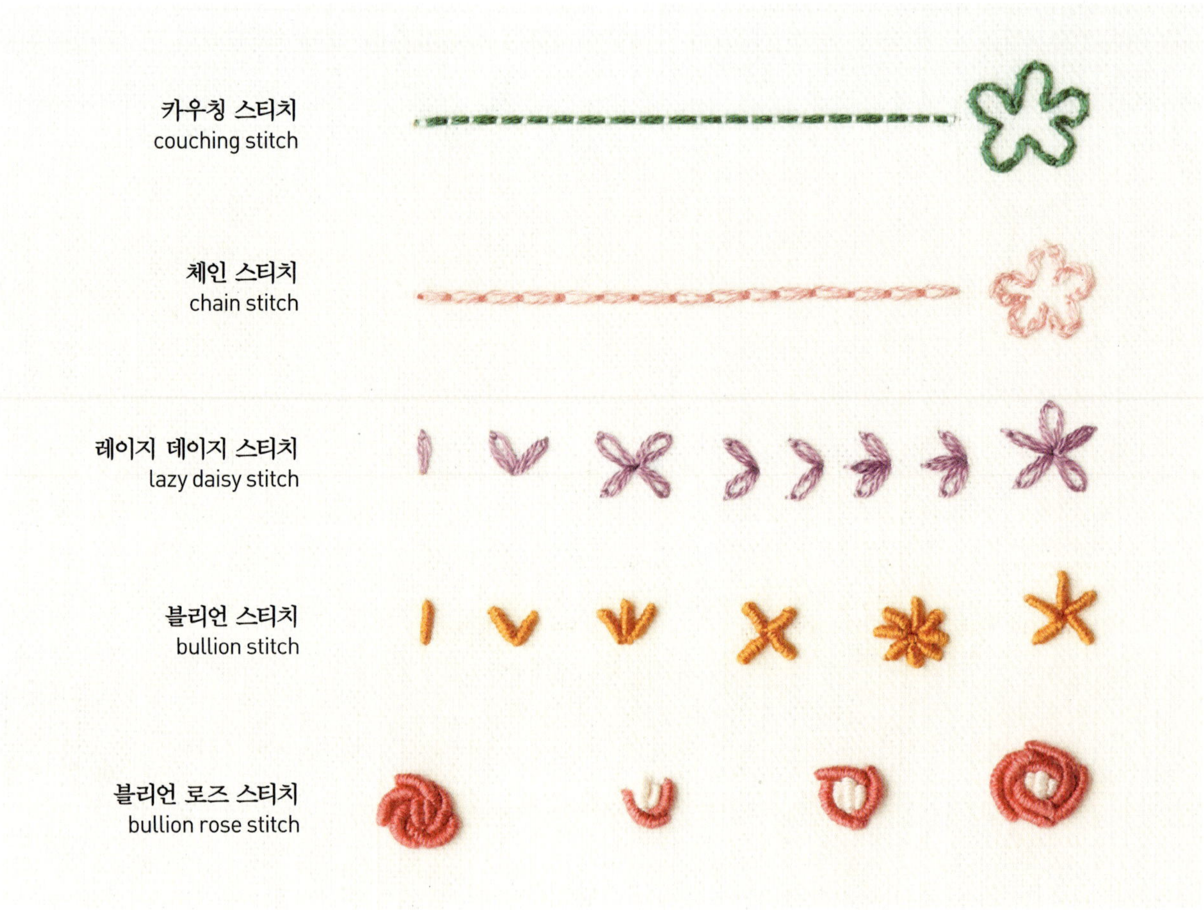

카우칭 스티치
couching stitch
체인 스티치
chain stitch
레이지 데이지 스티치
lazy daisy stitch
블리언 스티치
bullion stitch
블리언 로즈 스티치
bullion rose stitch

카우칭 스티치

심이 되는 실(심지실)을 팽팽하게 당겨 다른 실로 짧게 스트레이트 스티치로 고정시켜주는 스티치이다. 심지실로는 주로 굵은 실이나 금속실을 사용한다. 즉, 심지실과 고정시키는 실, 두 가지가 필요하며 바늘도 마찬가지이다.

❷ 넣기
❶ 빼기
❸ 빼기

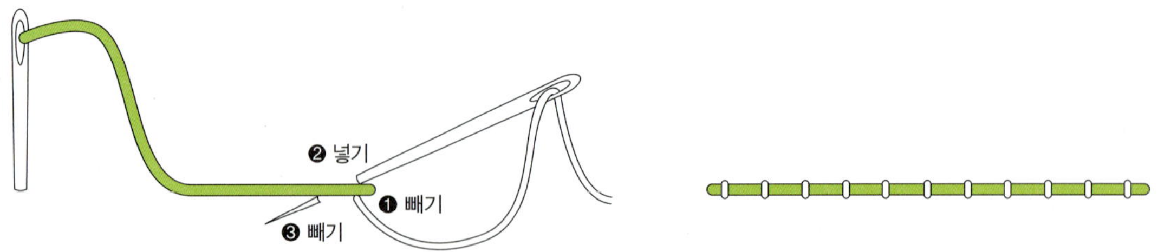

체인 스티치

레이지 데이지 스티치가 연결된 형태로 고리를 같은 크기로 연속적으로 수놓는 스티치이다. 체인 스티치로 면을 채울 경우
체인 필링 스티치(chain filling stich)라고 한다.

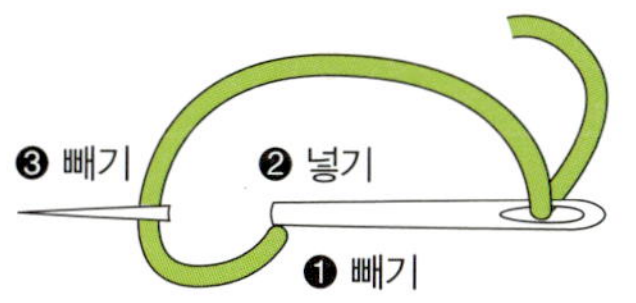
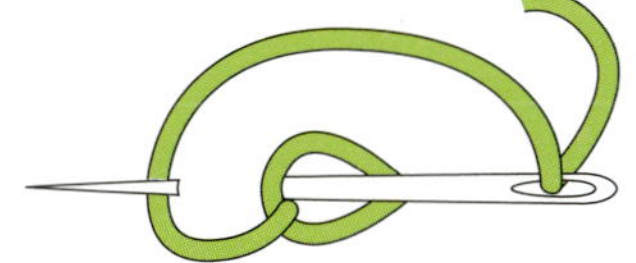

레이지 데이지 스티치

고리를 만들어 고리 끝에 한 땀으로 고정시키는 스티치로 꽃잎이나 작은 잎을 표현할 때 주로 사용한다.

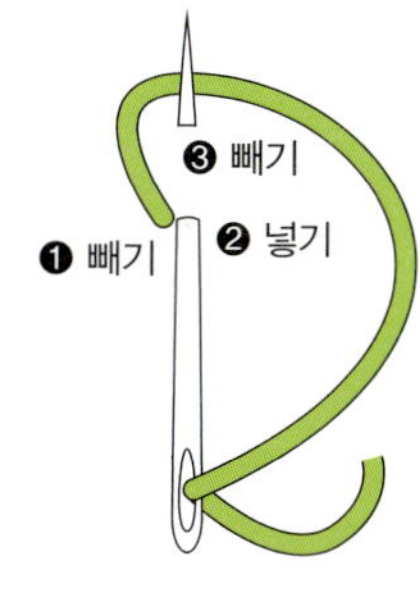

블리언 스티치

바늘에 실을 여러 번 감은 뒤 감은 실을 누르면서 바늘을 빼서 고정시키는 스티치로 입체감이 있다.

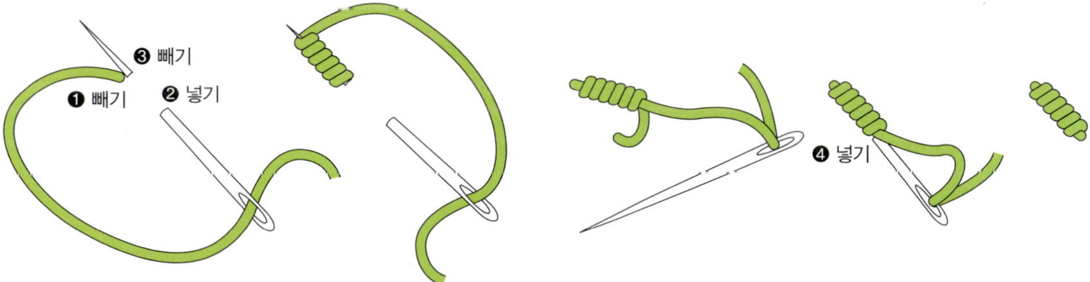

블리언 로즈 스티치

블리언 스티치의 한 종류로서 장미꽃 모양으로 수놓는 스티치이다. 중심에 블리언 스티치나 프렌치 너트 스티치를 2~3개 놓고
블리언 로즈 스티치한다.

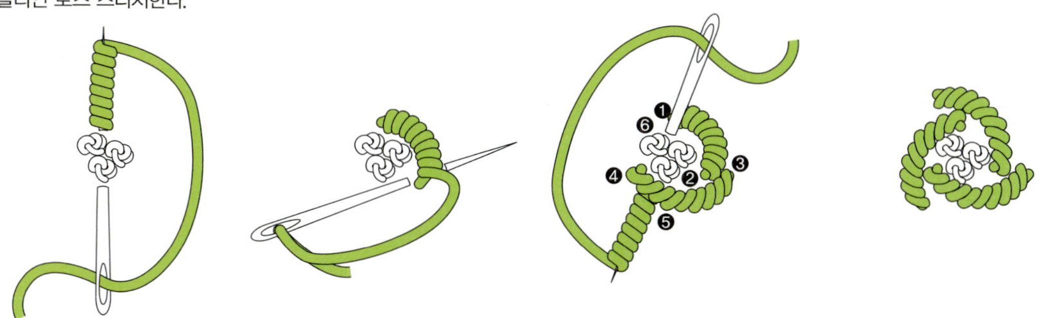

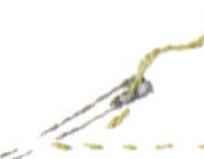

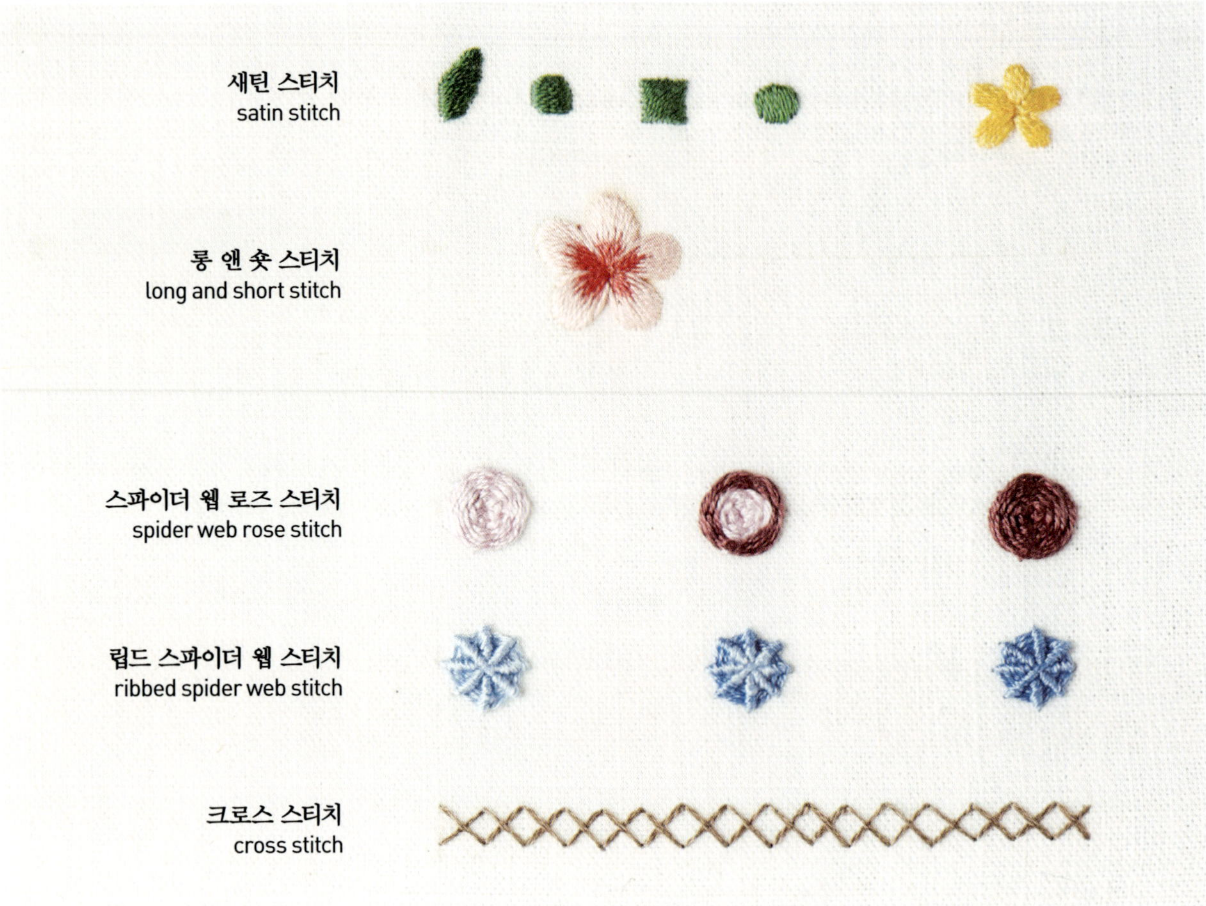

새틴 스티치
satin stitch
롱 앤 숏 스티치
long and short stitch
스파이더 웹 로즈 스티치
spider web rose stitch
립드 스파이더 웹 스티치
ribbed spider web stitch
크로스 스티치
cross stitch

새틴 스티치

스트레이트 스티치로 면을 채우는 스티치이다. 수직, 수평, 사선으로 수놓을 수 있으며, 중심에서 시작해서 한 쪽을 먼저 놓고 반대쪽을 놓으면 각도를 맞추기 쉽다.

❷ 넣기
❸ 빼기
❶ 빼기

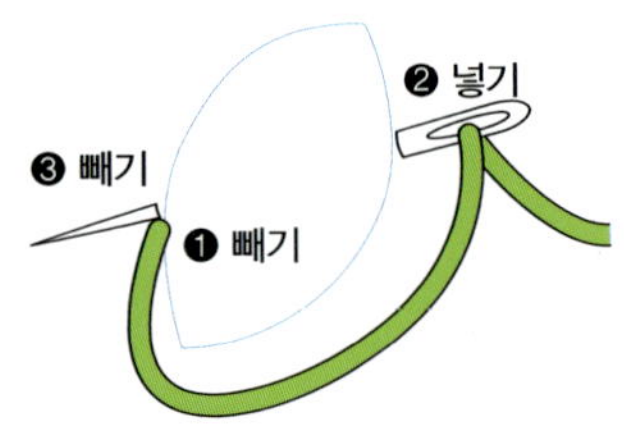

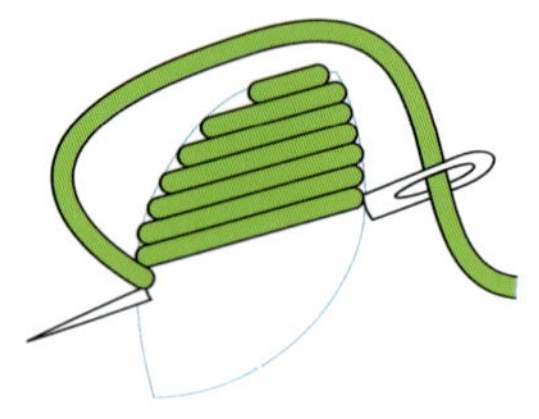

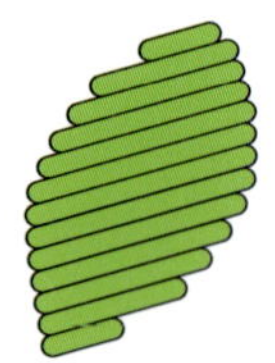

롱 앤 숏 스티치

길고 짧은 스트레이트 스티치를 번갈아 가면서 수놓는 스티치이다. 꽃잎이나 잎의 면을 채우는 스티치로 주로 쓰인다.
중심에서 시작해서 한쪽을 수놓은 뒤 반대편을 채운다.

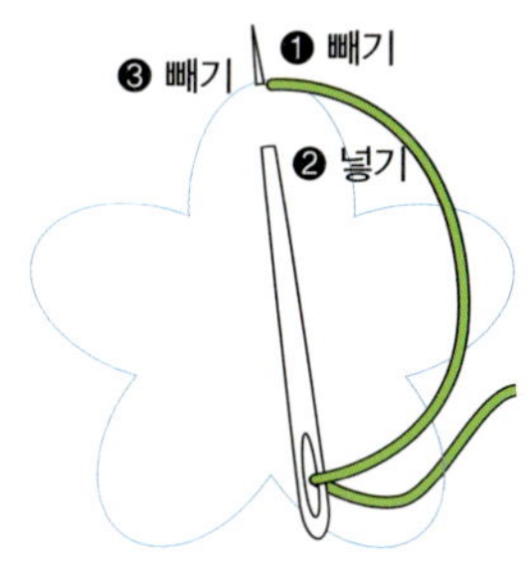

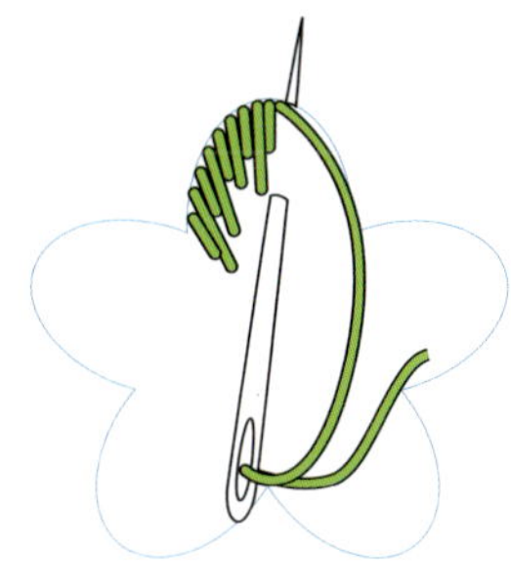

스파이더 웹 로즈 스티치

심지실을 5개 혹은 7개 수놓은 뒤 중심 쪽에서 바늘을 빼서 심지 1개씩 위, 아래 번갈아 가면서 원을 만들며 면을 채운다.
이 때 바늘귀로 통과하면 심지실이 걸리지 않는다.

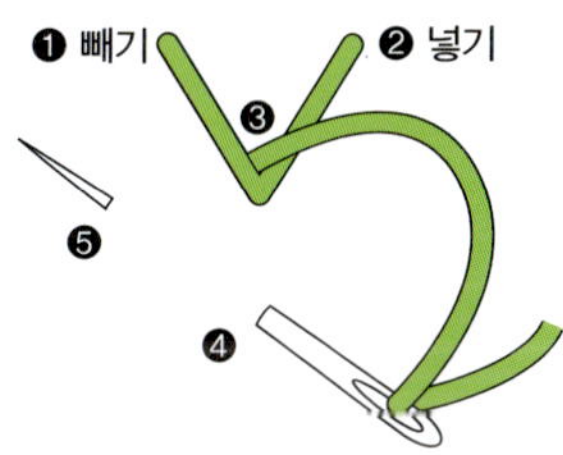

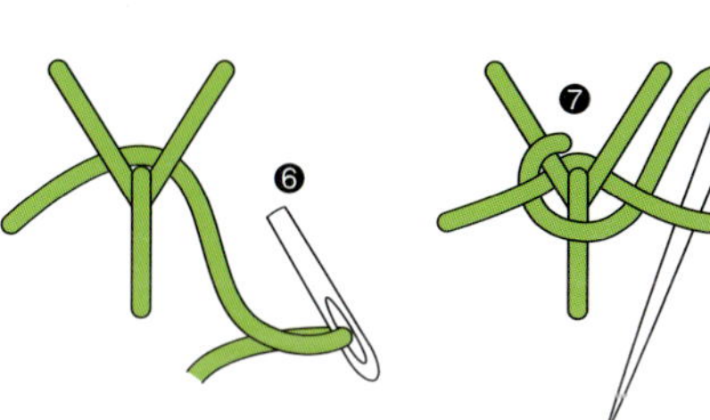

립드 스파이더 웹 스티치

스트레이트 스티치로 같은 길이의 심지 8개를 방사모양으로 수놓고, 방사모양 중심에서 바늘을 빼서 심지를 하나씩 휘감는다.
이때, 바늘귀로 떠야 심지실이 걸리지 않는다.

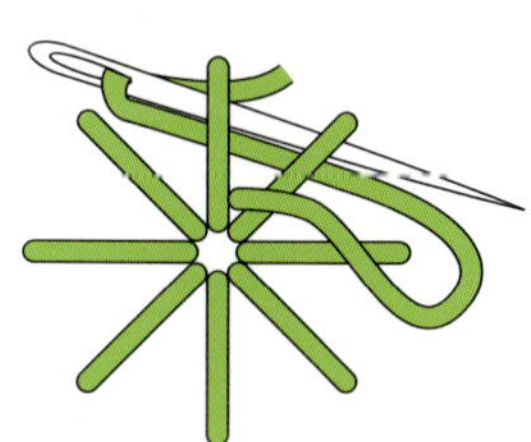

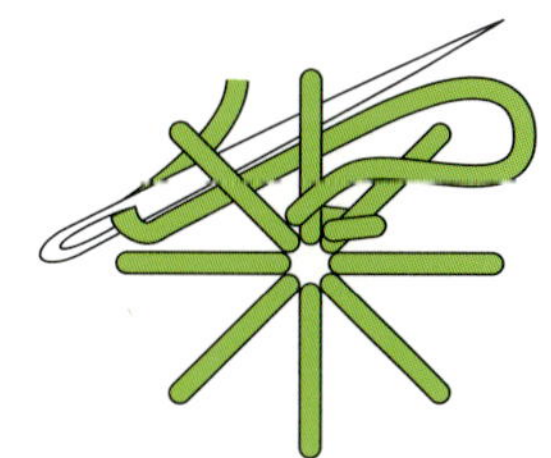

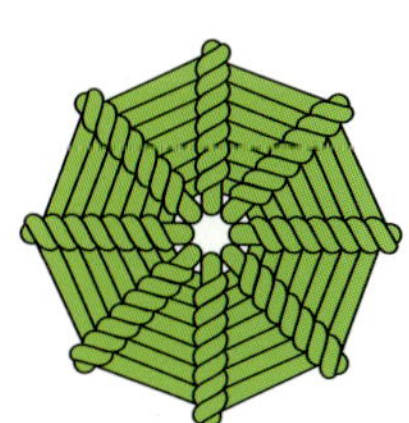

크로스 스티치

사선을 교차해서 X모양으로 수놓는 스티치로 십자수에서 사용하는 기법이다. 이어지는 선일 경우 한 쪽을 먼저 놓은 뒤
다시 교차시키면서 처음 지점으로 돌아오면 편하다.

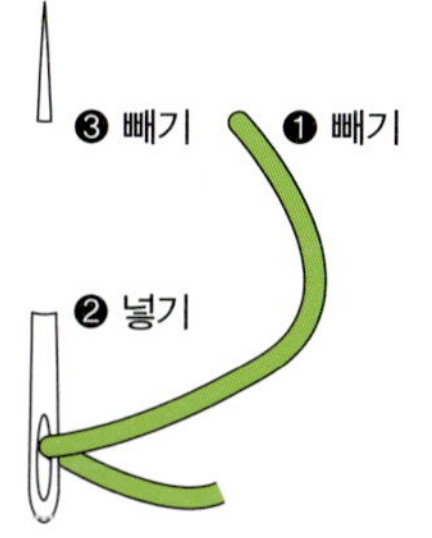

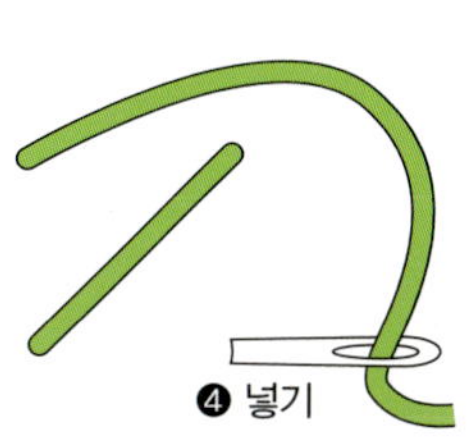

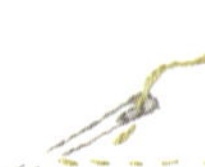

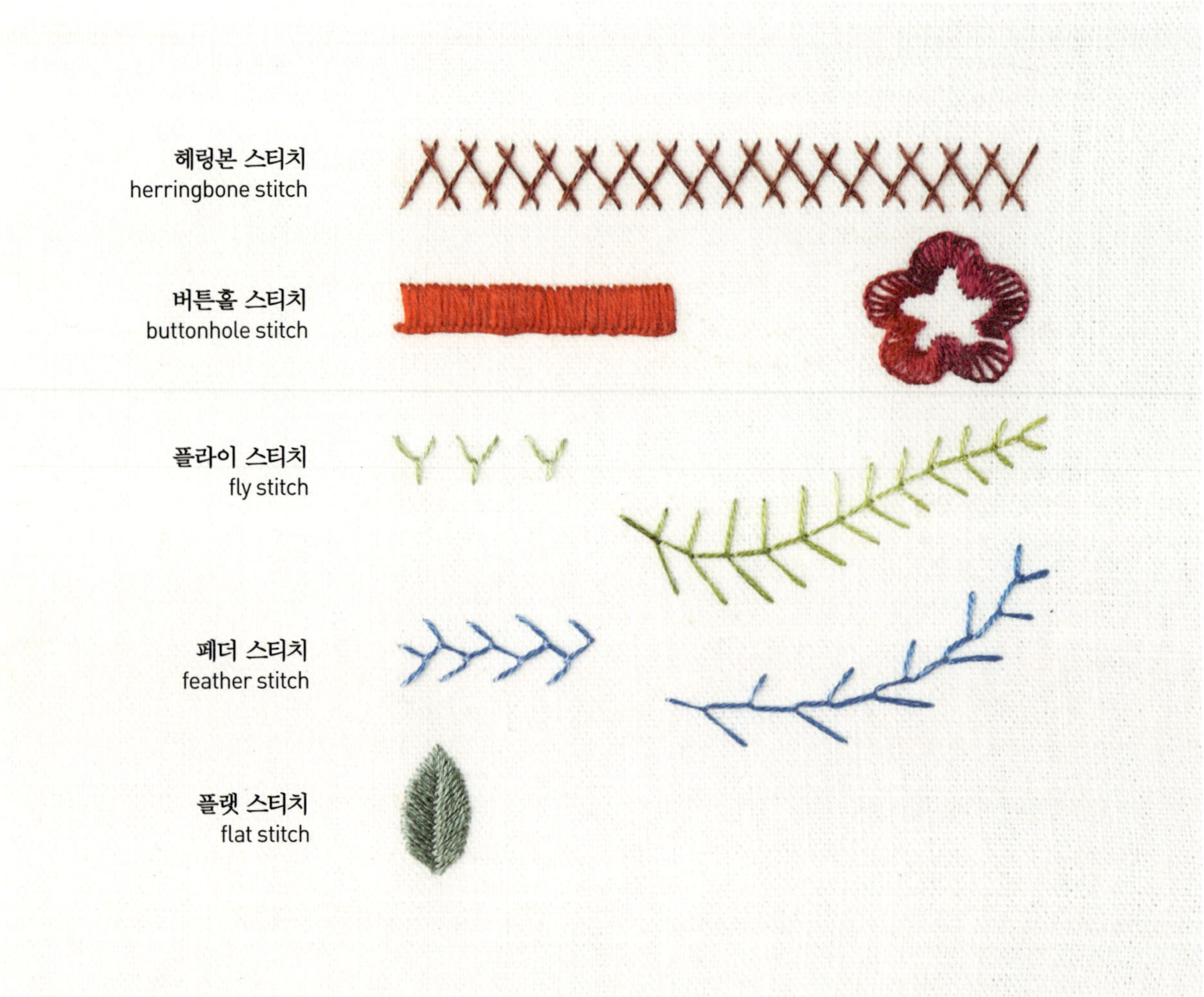

헤링본 스티치
herringbone stitch
버튼홀 스티치
buttonhole stitch
플라이 스티치
fly stitch
페더 스티치
feather stitch
플랫 스티치
flat stitch

헤링본 스티치

위아래 교대로 바늘땀을 되돌리는 방법으로 바느질의 새발뜨기와 같다. 왼쪽에서 오른쪽으로 가로 방향으로 수놓는다.

❸ 빼기
❷ 넣기
❶ 빼기
❺ 빼기
❹ 넣기

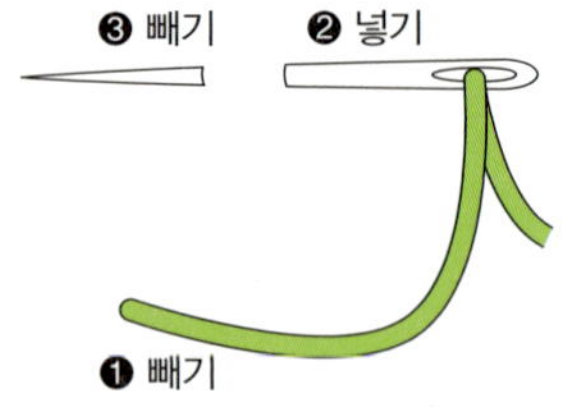

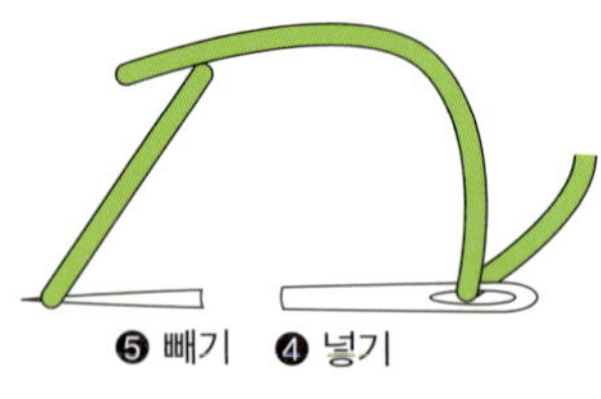

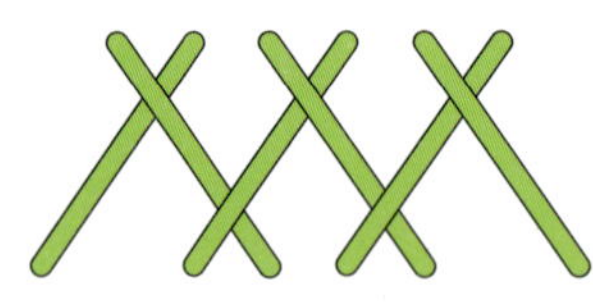

버튼홀 스티치

도안선을 따라 실 고리를 바늘 끝에 건 뒤 바늘을 빼내서 촘촘하게 수놓는 스티치로 클로즈드 블랭킷 스티치(closed blanket stitch)라고도
한다. 왼쪽에서 오른쪽으로 수놓으며, 단춧구멍이나 패치워크 가장자리를 정리할 때 주로 사용한다. 일정한 간격을 유지하며 수놓은 것을
블랭킷 스티치(blanket stitch) 혹은 오픈 버튼홀 스티치(open buttonhole stitch)라고 한다

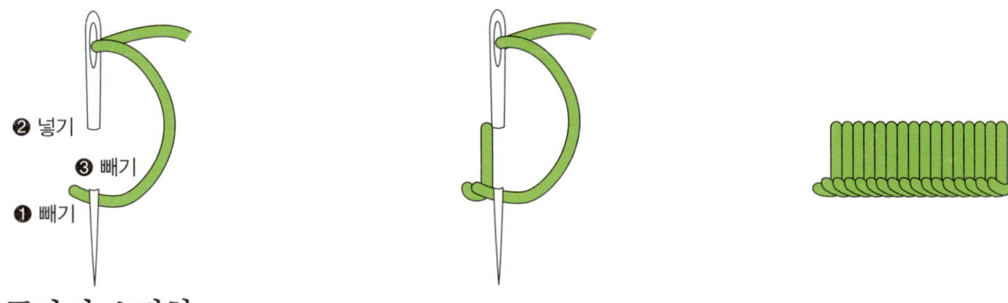

플라이 스티치

Y자 모양의 스티치로 레이지 데이지 스티치의 끝이 벌려진 모양이다. 작은 꽃이나 잎, 풀 등을 표현할때 사용하며, 촘촘히 수놓으면 면을
메울 수도 있다.

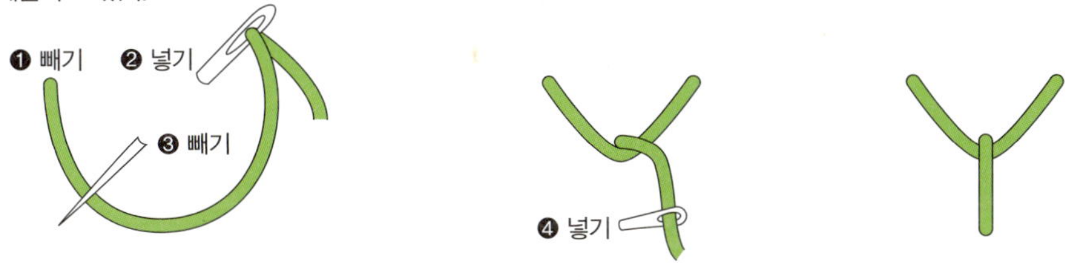

페더 스티치

오른쪽과 왼쪽을 번갈아가며 비스듬히 위에서 아래로 수놓는다.

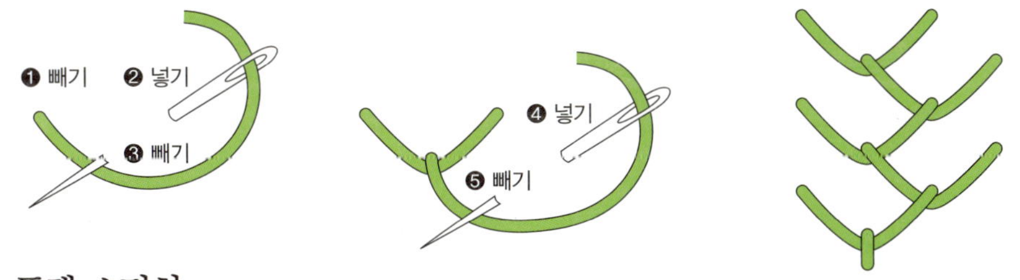

플랫 스티치

잎맥 방향으로 중앙을 살짝 겹치면서 오른쪽과 왼쪽을 엇갈려가며 수놓는 스티치이다. 먼저 한 땀(a~b)을 수놓으면 끝부분이 뾰족한
형태의 나뭇잎 모양을 표현할 수 있어 리프 스티치(leaf stitch)라고도 한다.

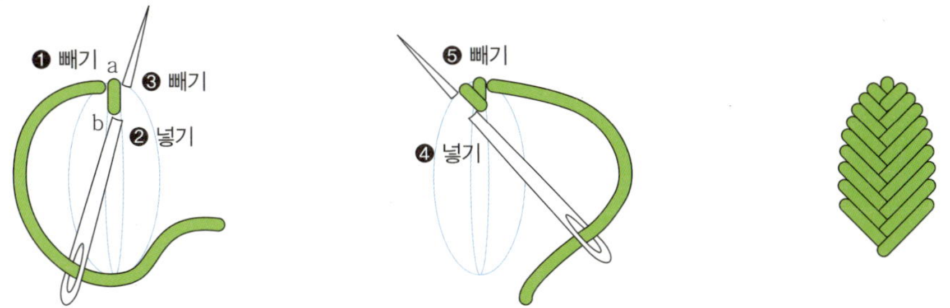

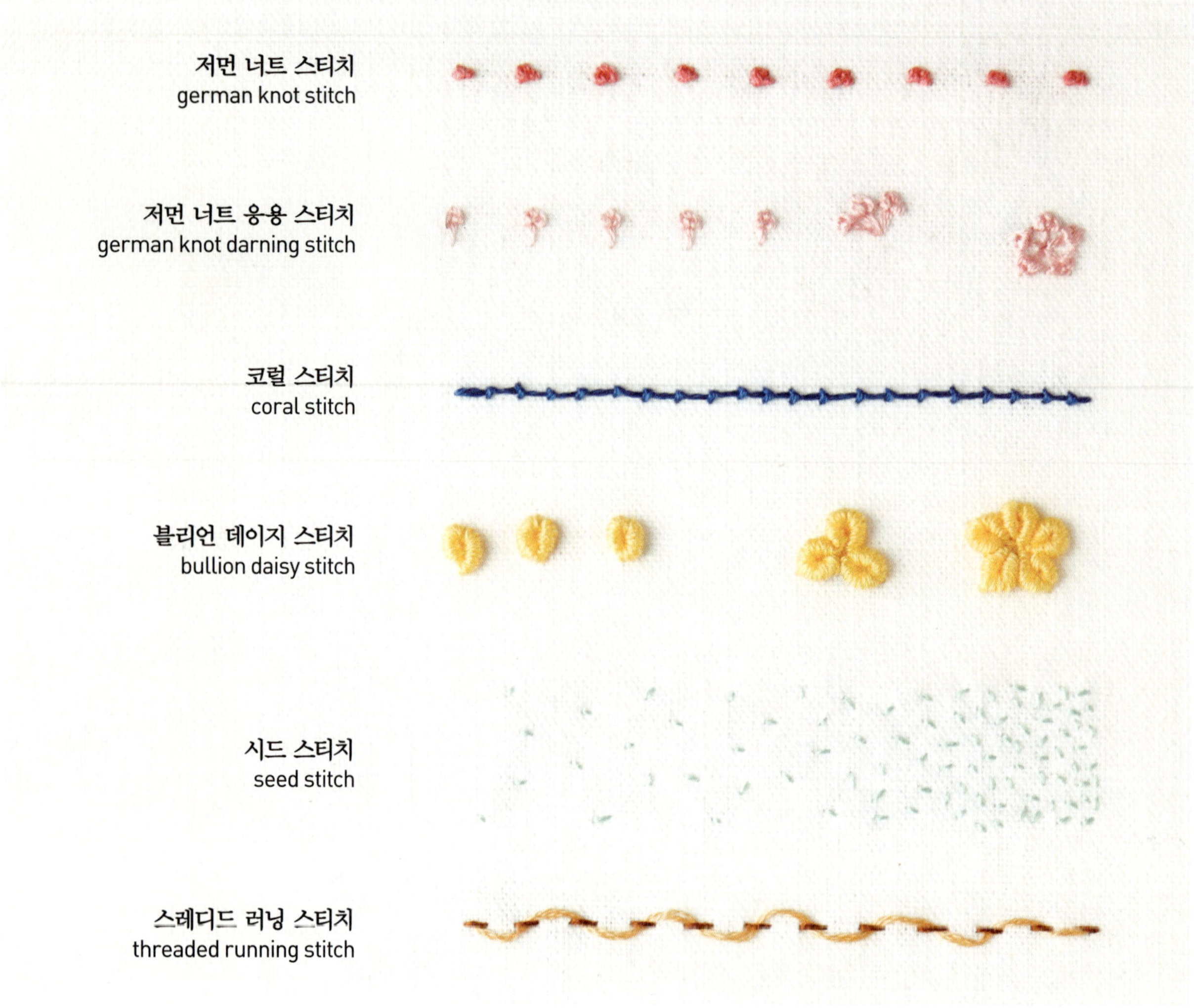

저먼 너트 스티치
german knot stitch
저먼 너트 응용 스티치
german knot darning stitch
코럴 스티치
coral stitch
블리언 데이지 스티치
bullion daisy stitch
시드 스티치
seed stitch
스레디드 러닝 스티치
threaded running stitch

저먼 너트 스티치

짧은 한 땀에 바늘을 2번 감아서 매듭을 만드는 스티치이다. 프렌치 너트 스티치보다 큰 매듭이 만들어지며 꽃술 표현에 자주 사용한다.

❸ 빼기
❶ 빼기
❷ 넣기
❹ 넣기

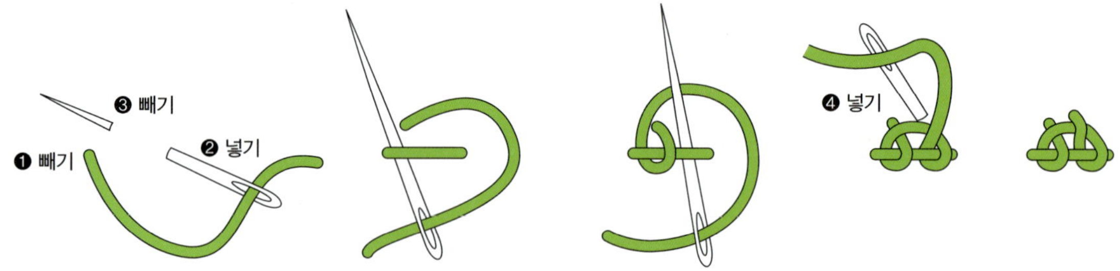

저먼 너트 응용 스티치

위에서 아래로 스트레이트 스티치 한 땀을 뜬 후 저먼 너트 스티치를 한다.

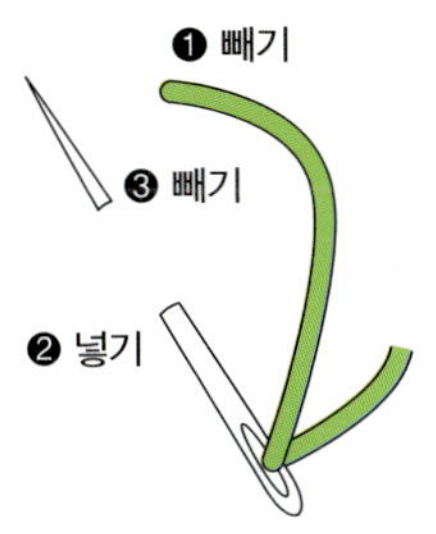

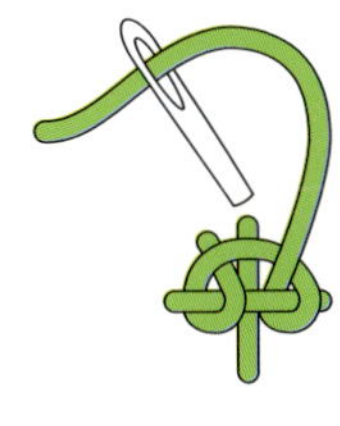

코럴 스티치

일정한 간격으로 실과 천을 함께 떠서 매듭지으며 수놓는다.

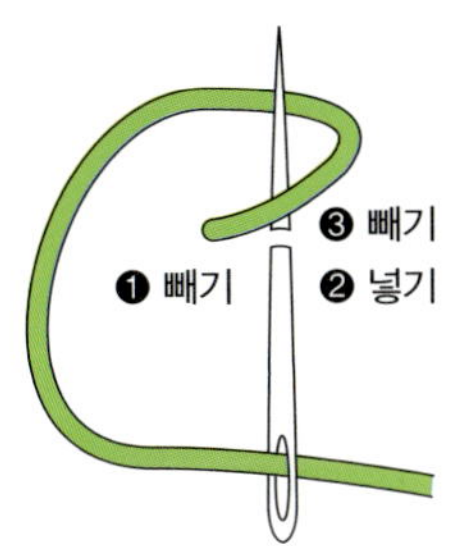

블리언 데이지 스티치

블리언 스티치를 레이지 데이지 스티치처럼 수놓는 기법이다. 입체적인 꽃을 표현할 때 주로 사용한다.

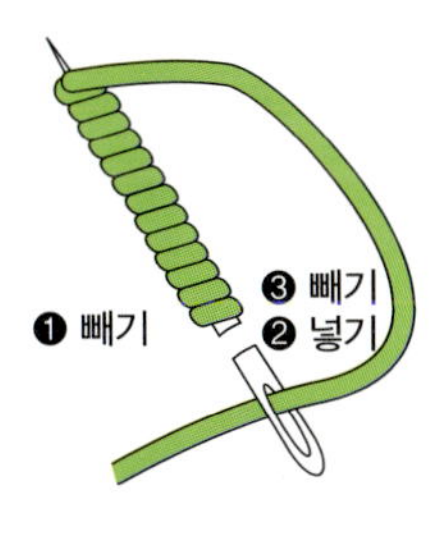

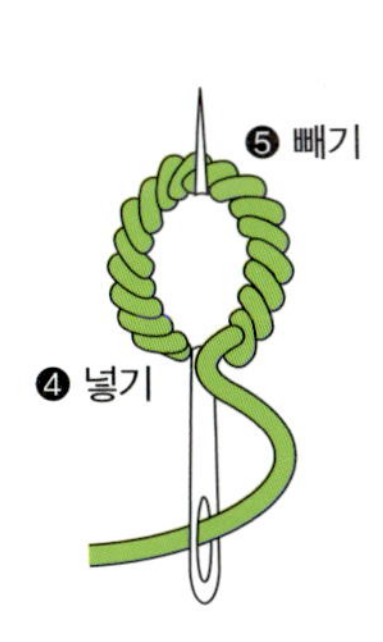

시드 스티치

짧은 땀을 간격을 두고 방향을 바꿔가며 백 스티치로 띄엄띄엄 수놓는 스티치이다. 넓은 면을 메우는데 주로 사용한다.

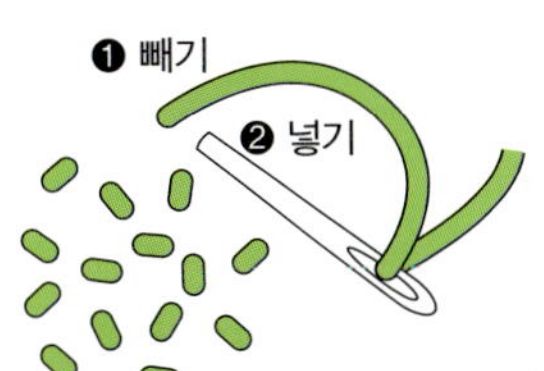

스레디드 러닝 스티치

러닝 스티치로 수놓은 후, 물결 모양처럼 러닝 스티치의 위아래를 통과한다. 이 때, 바늘귀로 통과하면 실이 걸리지 않는다.

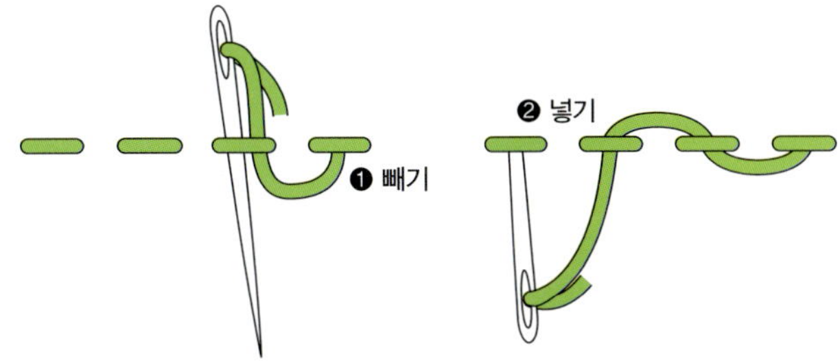

지그재그 스티치
zigzag stitch

스플릿 스티치
split stitch

스크롤 스티치
scroll stitch

레이지 데이지 +
스트레이트 스티치
lazy daisy +
straight stitch

루마니안 카우칭 스티치
rumanian couching stitch

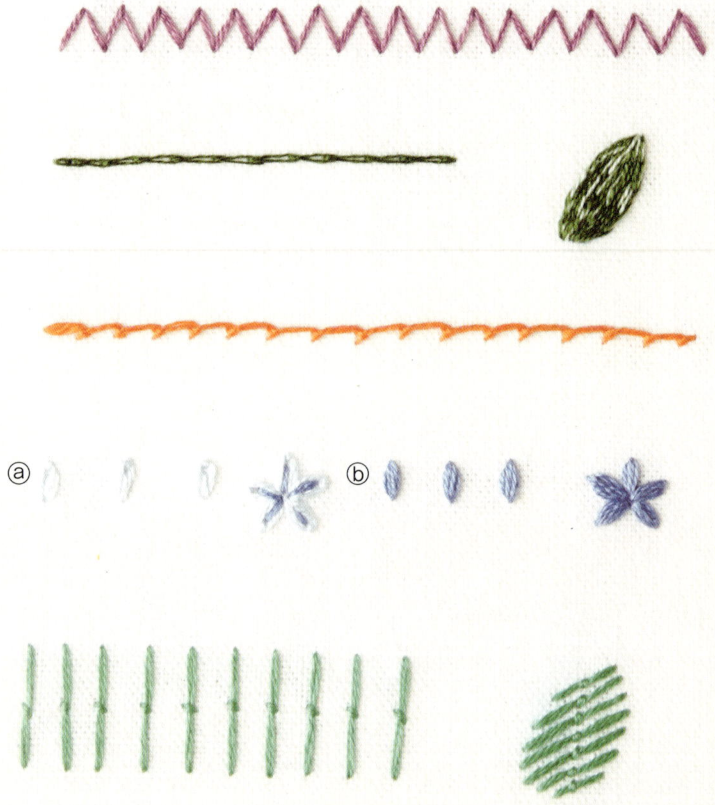

지그재그 스티치

바늘을 빼서 산 모양을 옆으로 이어 수놓는 스티치이다.

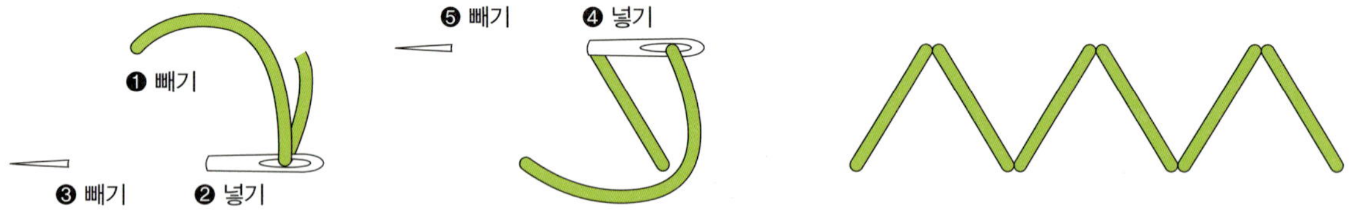

스플릿 스티치

먼저 수놓은 땀의 가운데로 바늘을 빼서 아웃라인 스티치처럼 수놓는다. 실을 겹으로 사용하면 체인 스티치처럼 보이며, 색깔이 다른
실을 섞어서 사용할 경우 풍부한 색감을 표현할 수 있다.

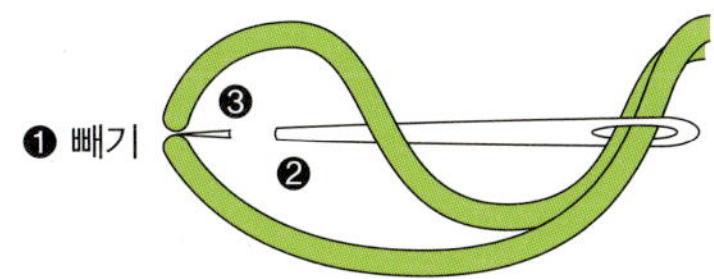

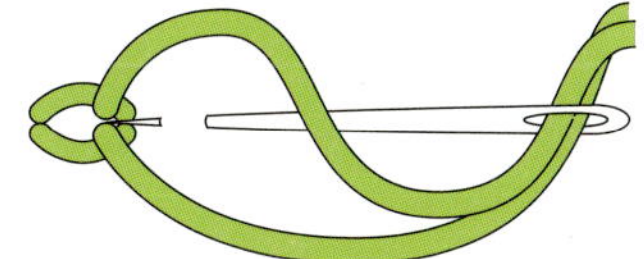

스크롤 스티치

도안 선 위에 작게 천을 떠서 실 고리를 걸어 매듭을 만들면서 수놓는 스티치이다. 가장자리에 주로 사용한다.

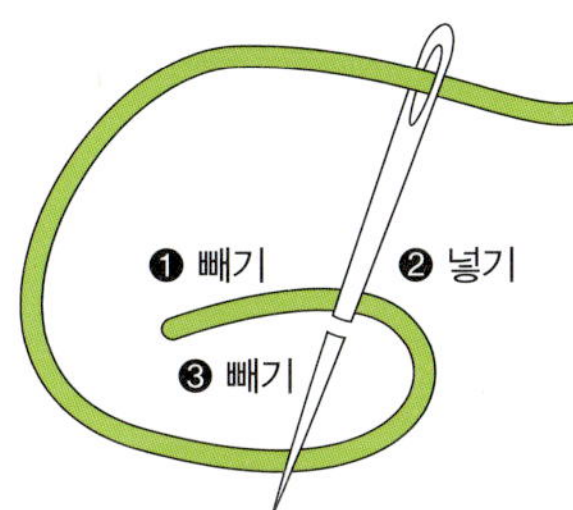

레이지 데이지 + 스트레이트 스티치

ⓐ 레이지 데이지 스티치를 한 후, 고리 안쪽에서 시작하여 스트레이트 스티치를 수놓는다. 볼륨감 있는 꽃잎이나 잎맥을 표현할 때 사용한다.
ⓑ 레이지 데이지 스티치를 한 후, 그 위를 스트레이트 스티치로 덮으면 볼륨감 있는 도톰한 타원이 되어 꽃잎을 표현하기 좋다.

ⓐ
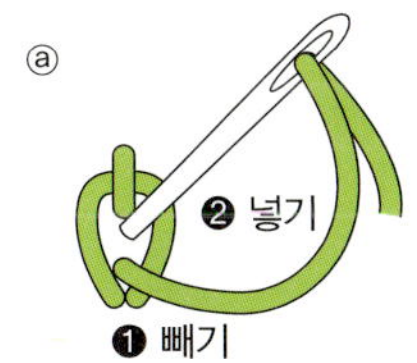

ⓑ
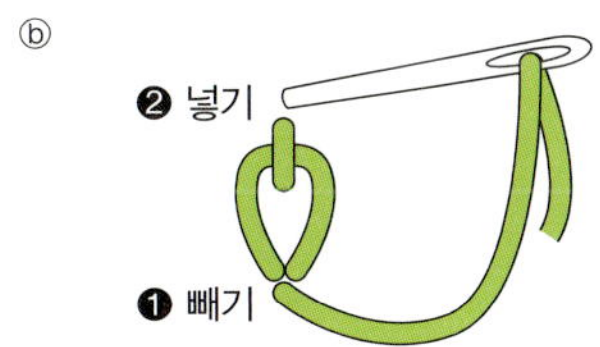

루마니안 카우칭 스티치

긴 스트레이트 스티치의 중간 부분에 짧은 땀으로 고정시키는 기법으로 넓은 면을 메우는 데 주로 사용한다.

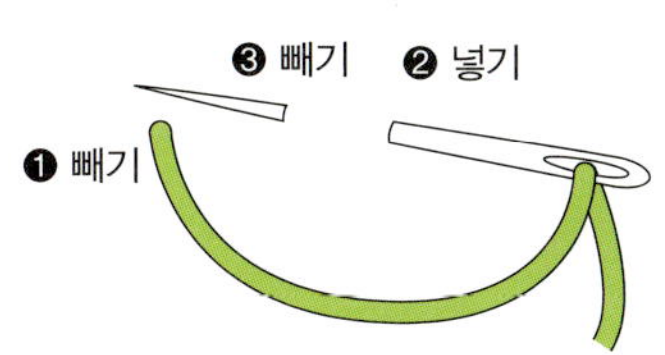

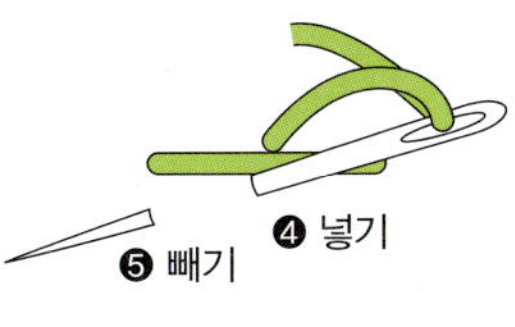

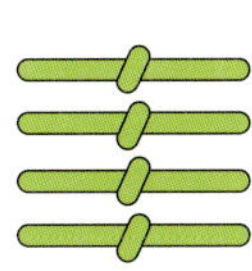

풍경 그리고 수

자연을 물들이는 일은
자연에서 잠시 색깔을 빌려오는 일입니다.
그 위에 풀과 꽃을 수놓아 봅니다.

마당에 심은 꽃과 나무가 더 예뻐 보이는 것은
함께 한 세월의 기억 때문일 겁니다.
이웃이 나눠 준 샤스타데이지 씨앗.
모종판에 심어 싹을 틔우고 마당에 옮겨 심고
가뭄 지면 물도 주고 솎아 준 기억.
그 기억 때문에 마당의 샤스타데이지가 더 예뻐 보이는 거 아닐까요?

올망졸망 핀 패랭이 꽃.
이슬이 대롱대롱 맺힌 씀바귀 잎사귀.
따스한 봄 햇살.
모두 자수를 놓아보고 싶어집니다.

집宇 집宙

봄이 되면
"혹 냉이가 올라왔을까? 고사리가 올라왔을까?" 궁금해 하며
마당에 심은 연잎에 물이 부족하지 않나 싶어 수시로 들여다봅니다.

01

밑그림 도안 P. 134

내가 그러는 동안에도 남편은 봄나물에 도통 관심 없어 하다가 "이러다 늦겠어." 하면서
쪽과 홍화씨 모종을 서두릅니다.
물론 그 정도의 쪽과 홍화 씨로 염색을 하기에는 턱없이 부족하지만 자연을 물들이는
그 마음 잊고 싶지 않아 남편은 해마다 조금씩이라도 씨를 뿌립니다.

"하늘천 따지 검을현 누를황 집우 집주"

천자문 공부를 한 적은 없지만 이 문장은 어찌나 입에 착착 달라붙어있는지.
그것도 딱 집주, 여기까지만.

집우(宇) 집주(宙)라고?

손수 집 짓고 마당에 꽃 심고 나무 키우면서 알았습니다.
몇 만 킬로미터라느니, 광속이라느니, 별의 나이는 몇 살이라느니 그런 거 하나도
모르지만
어쩌면 우리들의 집이 우주이지 않을까요?

먹고 자고 웃고 울고 몸과 마음이 쉬는 곳.
그래서 밤낮으로 물 주고 가꾸고 돌봐야 하는 우주.

쪽 꽃이 피었습니다.

쪽 모종을 했습니다. 곧 포기를 옮겨줘야겠어요.

✏ 밑그림 도안 P. 134

브로치 만들기

"브로치가 꼭 원형일 필요는 없겠죠?
사다리꼴 모양의 브로치 위에 집에서 자라는 꽃과 풀들을 올려 놓았어요"

재료

먹과 감 복합염색 면 9×7cm 2장, 배접지나 하드보드 2장,
목공용 본드, 브로치핀

만드는 방법

1 원단의 4면을 시접 1cm로 하고 꽃을 수놓는다.

2 배접지는 시접 없이 완성 크기로 오려 수놓은 천 뒤에 놓고 시접을 꺾어
   목공용 본드로 고정한다. 뒷면도 잎면과 같은 방법으로 한다.

3 앞면과 뒷면의 안쪽끼리 마주 대고 4면을 공그르기 한 뒤
   자수실 8번시로 스크롤 스티치를 놓는다.

4 뒷면에 브로치핀을 단다.

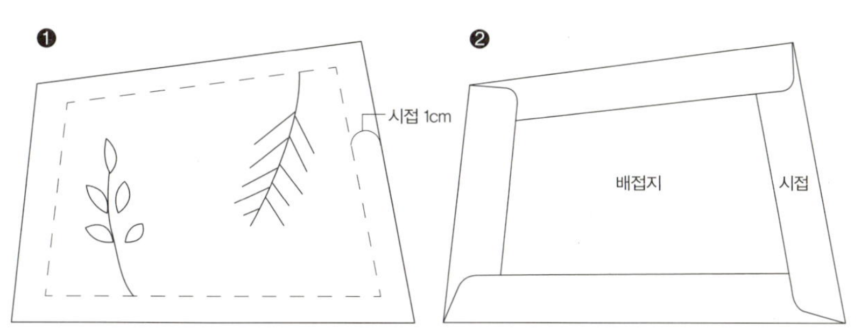

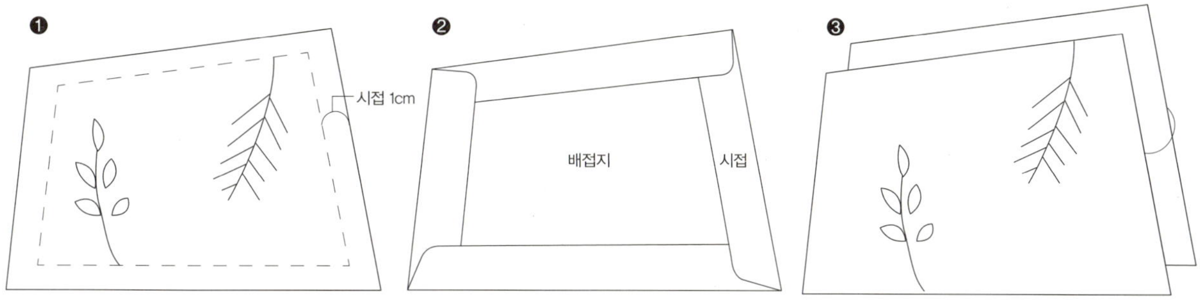

공그르기 후 스크롤 스티치

02

🖋 밑그림 도안 P. 136

토끼풀과 돌나물

마당 한 켠에 조금 심어놓은 돌나물.

이른 봄, 반찬 없을 때 톡톡 떼어 초고추장에 생채로 무쳐 먹어도 좋고,
무 납작납작하게 썰어 물김치 만들어 먹으면 그만인 돌나물.
할머니 집 감나무 아래 돌무더기에 무리 지어 피어있던 돌나물.
그리고 할머니가 해주셨던 음식 중에 가장 기억에 남는 돌나물물김치.

시골 맛이란 게 있는지 모르겠지만,
시원하고 새콤한 할머니의 돌나물물김치가 저에게는 시골 고향 맛으로 기억되는데
제가 담근 물김치에서는 도무지 그 맛이 나질 않습니다.
물김치는 다른 김치와 달리 담그기 쉽다고 하나 돌나물은 자칫 풀 비린내가 나기 일쑤.
그래도 좋아하다 보니 언젠가는 잘할 수 있을 거라 믿으며 돌나물을 심어놓았는데,

아뿔싸!

토끼풀이 야금야금 자리를 잡더니 어느새 돌나물 밭을 반이나 차지하고 있는 게 아닌가요!
어릴 적 꽃반지 만들며 놀던 토끼풀이 좋아 그대로 두었더니….
아마도 토끼풀은 돌나물에게 이렇게 말했을지도 모른다는 생각이 들었습니다.

"우리 같이 살까?"

밑그림 도안 P. 165

비스꼬뉘 만들기

"무엇이든 그렇지만 알고 보면 간단한 핀 쿠션 비스꼬뉘.
정사각형 두 장이면 만들 수 있어요, 다양한 크기로 한 번 만들어 보세요."

재료

하얀색 리넨 코튼 11.5×11.5cm 1장,
초록색 리넨 코튼 11.5×11.5cm 1장, 방울솜 약간, 구슬·단추 1개씩

만드는 방법

1 하얀색 리넨 코튼에 도안대로 자수를 놓는다.

2 하얀색과 초록색 리넨 코튼의 4면을 시접 0.7cm로 안쪽으로
   꺾어 다린다.

3 하얀색과 초록색 리넨 코튼을 그림과 같이 배치해 공그르기 하다가
   마지막 한 칸이 남았을 때 방울솜을 넣고 공그르기 한다.

4 윗부분과 아랫부분 중앙에 구슬과 단추를 각각 놓고
   위아래 통과시켜 단다.

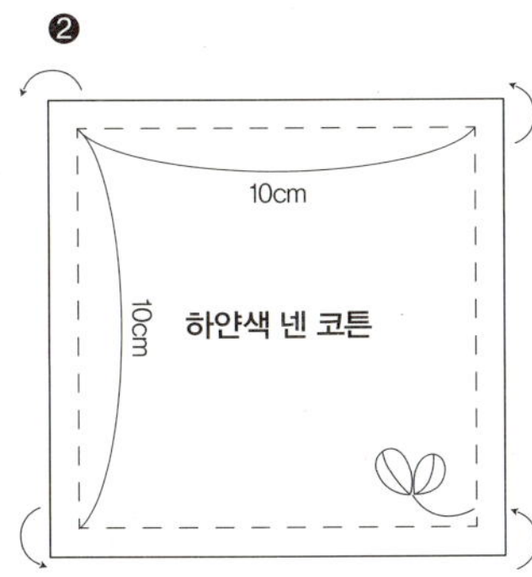

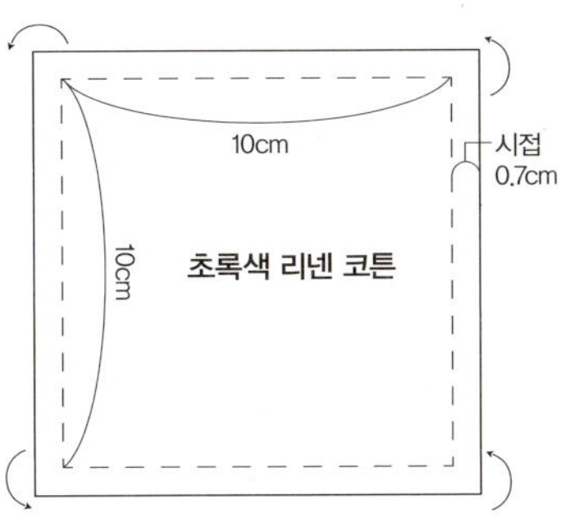

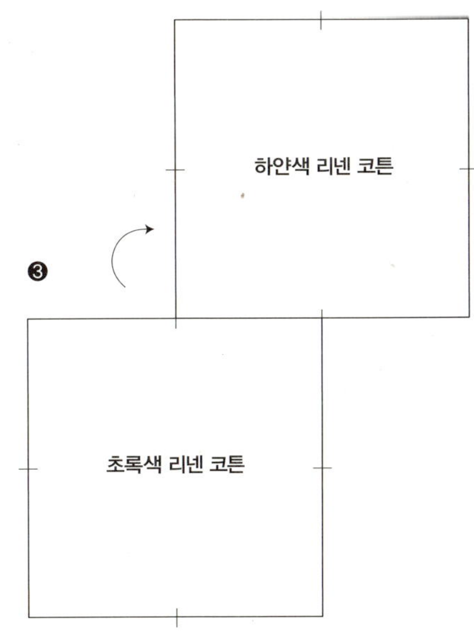

✏️ 밑그림 도안 P. 138

토끼풀 꽃반지

꽃반지

그때 그 마음은 어디에….

나이를 먹어서일까요?
기억을 까먹어서 그런 걸까요?

토끼풀 두 송이로 꽃반지를 만들고선 연신 "아~ 예쁘다, 예쁘다."하며
손등을 한참 들여다보고 하루 온종일 그 반지 끼고 돌아다녔던 어린 시절.

정말 잊어버린 걸까요?
세월에 무뎌진 걸까요?

밑그림 도안 P. 139

꽃팔찌 만들기

재료

리넨 코튼 2×13cm 2장, 접착심 2×13cm 2장, 팔찌 끈 5번사(552, 754, 3688) 90cm씩

만드는 방법

1 팔찌 끈은 5번사 3가지 색깔을 반 접어 6가닥을 2올씩 잡아서 머리 땋기 한다.
  접힌 쪽은 5번사로 감아 고리로 사용하고 반대편은 한꺼번에 묶는다.
  이때 팔찌 길이는 원하는 길이로 한다.

2 앞면과 뒷면에 접착심을 붙이고 앞면에는 수를 놓는다.

3 앞면과 뒷면의 양 끝은 시접 1cm로 해 안쪽으로 접어 다림질하고
  5번사로 땋은 팔찌 끈은 위다 앞면과 뒷면 사이에 끼워 같이 박음질한다.

4 옆면은 팔찌 너비가 1.5cm가 되도록 해 5번사로 코럴 스티치를 놓는다.

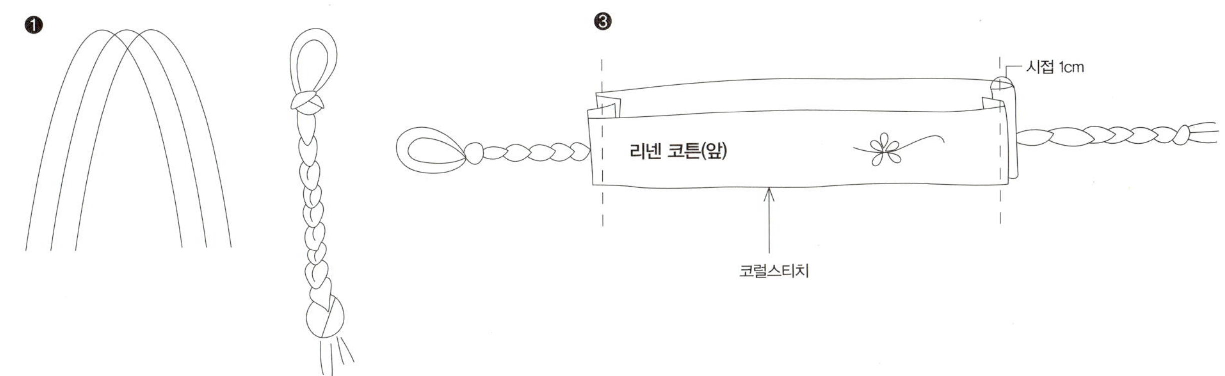

꽃 수 놓지 마라

조카가 초등학교를 막 입학했을 때입니다.
저희 집에 놀러온 조카가 수를 놓고 있는 저를 보더니 자기도 그림을 그리고 싶다고 해서
옆에 있던 작은 천 조각 몇 장과 연필을 줬습니다.

🖉 밑그림 도안 P. 140

"꽃 자수보다 꽃이 더 예쁜데 왜 굳이 꽃수를 놓을까요?
세상에는 더 아름다운 것이 많습니다."

조카는 한참 무언가를 그리고 나서는 그림에 수를 놓아달라고 하더군요.

"로봇 태권브이라니…"

정말 머리를 망치로 한 대 얻어맞은 느낌이었습니다.

그때까지만 해도 꽃수만 놓던 제게
조카는 너무도 천진난만한 얼굴로 로봇 그림을 제게 쑥 내밀었던 거지요.
그리고 자기가 집에 돌아갈 때까지 수를 놓아달라고 했습니다.

수를 놓으려면 완벽한 도안을 그리고 먹지와 트레이싱 페이퍼를 이용해
번지지 않고 깨끗하게 도안을 원단에 옮겨야 수를 놓을 수 있는 거라고 생각했던 저에게
조카가 새로운 세계를 열어준 것이죠.

밑그림 도안 P. 143

밑그림 도안 P. 142

조카의 그림을 보자마자
그런 건 전혀 중요하지 않다는 걸 깨달았습니다.

꽃만 수놓으란 법이 어디에 있나요?

남편은 꽃 그림만 찾고 꽃만 수놓고 싶어 하는 제게 누누이 얘기했습니다.

"제발 꽃수 놓지 마라."

꽃 자수보다는 꽃이 더 예쁜데 왜 굳이 꽃수를 놓느냐고.

아마도 꽃 자수가 예쁘지 않아서라기보다 자꾸 꽃수만 놓으려고 하니
안타까웠던 모양입니다. 세상에는 더 아름다운 것들도 많으니
시선을 제한하지 말라는 고마운 충고였던 셈이지요.

그런데 그 말을 가볍게 듣고 넘기기만 했던 제게 조카가 내민 그림은 정말 충격적이었습니다.

결국 조카가 집으로 돌아갈 때까지 수를 완성하지 못했습니다.

어떤 기법으로 어떤 스티치로 놓아야 잘 표현할 수 있을지 고민이 되었기 때문입니다.
삐뚤삐뚤한 선의 느낌을 온전히 살리고 최대한 원작을 훼손하지 않으려 노력하면서
수를 놓았습니다.

그리고 이제 완성되었네요.

조각보를 가르쳐 주신 선생님.
자수를 가르쳐 주신 선생님,
학교 다닐 때 옷 만드는 방법을 가르쳐 주신 선생님,
염색을 가르쳐 주신 선생님… ….

제가 작업을 하면서 많은 선생님을 만나고 그분들께 배웠습니다.
그리고 이번에 만난 스승은 보이는 것을 보이는 대로 그릴 수 있는,
새로운 시선을 가지라고 가르쳐 주신
김해원 조카 선생님과 박정용 남편 선생님이십니다.

고맙습니다.

밑그림 도안 P. 141

밑그림 도안 P. 142

파자마 만들기

"조카가 그려 준 우주선. 쪽으로 염색한 하늘색 면으로 파자마를 만들어 수를 놓았어요.
간단하게 만들 수 있는 일명 고무줄 바지에 아이가 그린 그림을 엄마가
수놓아 준다면 평생 잊을 수 없을 거예요. 엄마와 커플룩까지 만든다면 더 멋지겠죠?
파자마를 만들기 어렵다면 평소에 입던 파자마에라도 살짝 수놓아 주세요."

재료

쪽 염색 면 110×75cm, 고무줄 110cm

만드는 방법

1 원단에 패턴을 그리고 원하는 위치에 수를 놓는다.

2 좌우 파자마를 겉끼리 마주 대고 앞쪽과 뒤쪽 밑위를 박고 오버로크
   (휘갑)친다. 이때 뒤쪽의 밑위를 박을 때 고무줄 들어갈 부분은 남겨둔다.

3 파자마 밑아래를 박고 오버로크(휘갑)친다.

4 파자마 밑단은 시접 1.5cm로 두 번 접어 박고, 허리단은 시접
   1cm로 접어 3cm 아래에 박는다.

5 허릿단은 가운데에 한 번 박아 고무줄 2줄을 넣는다.

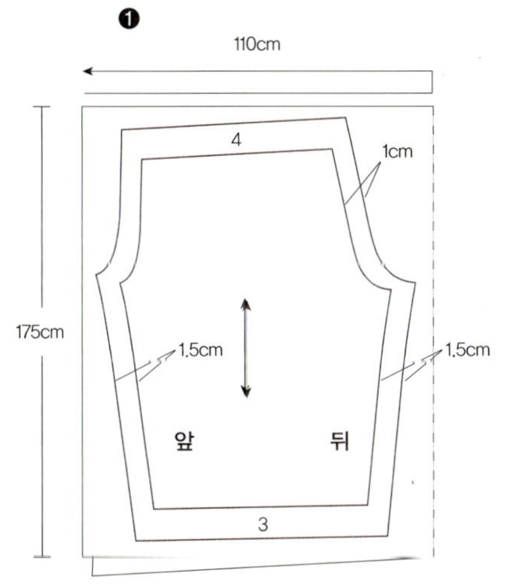

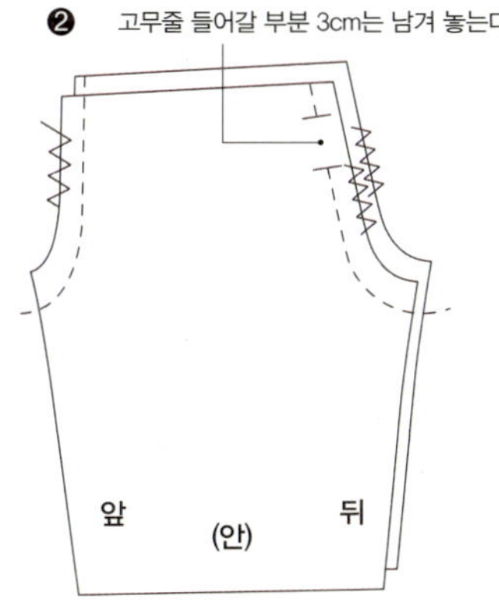

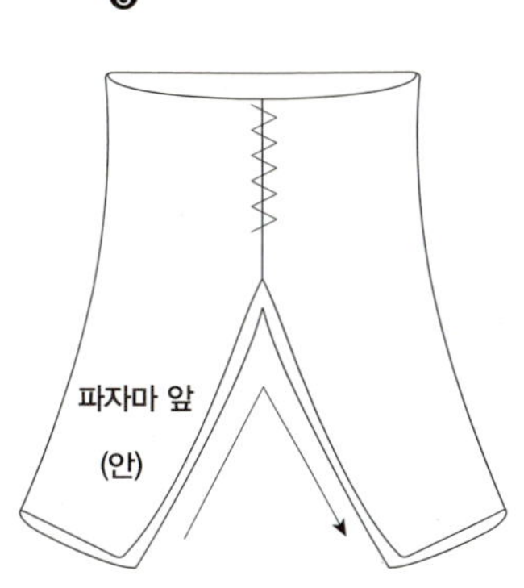

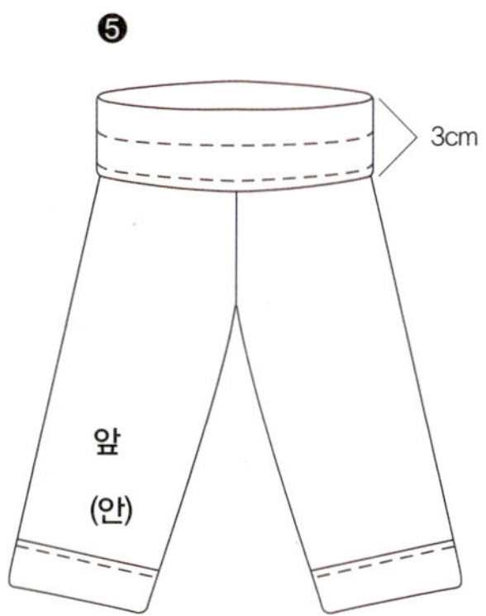

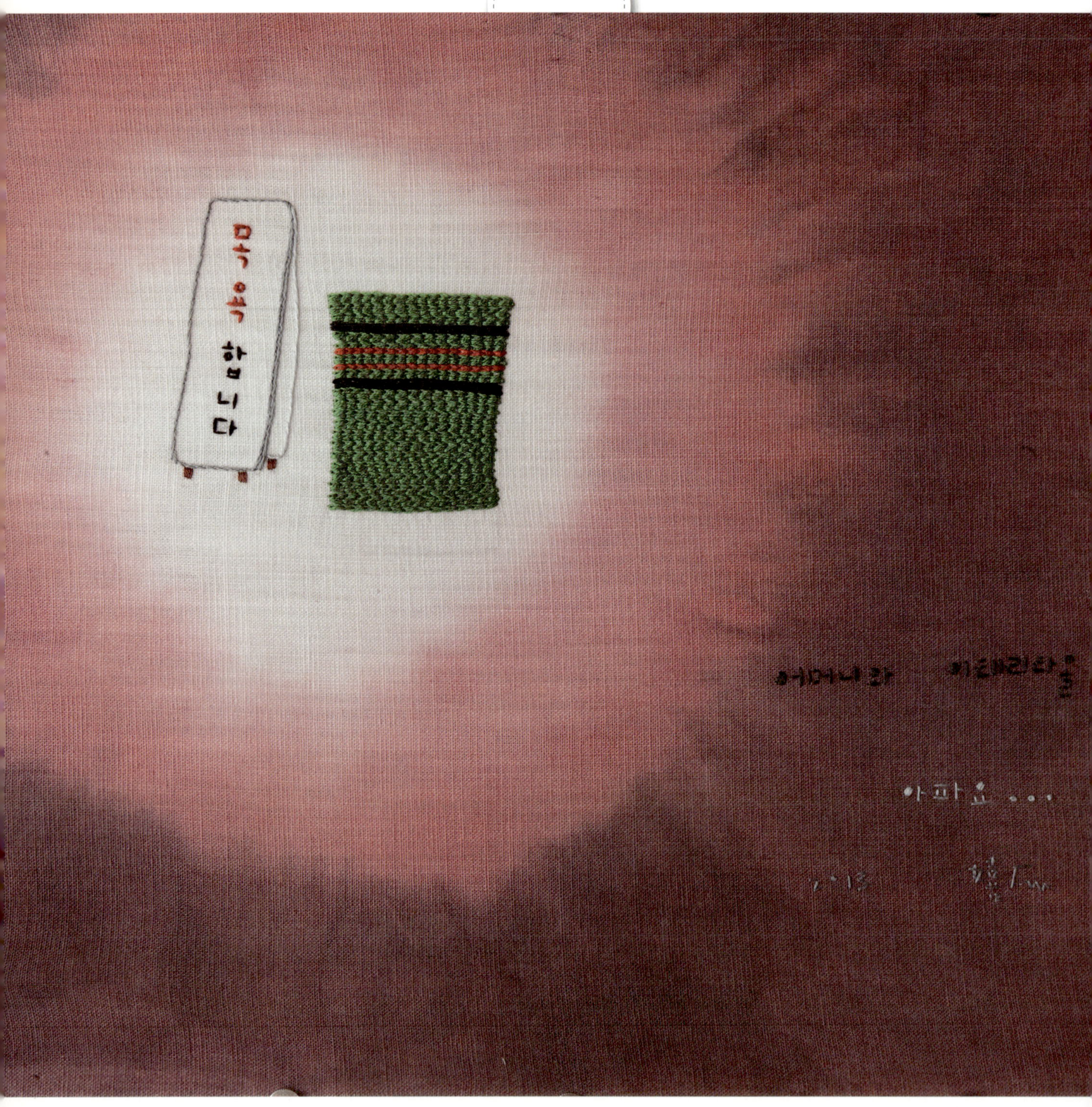
목욕 합니다

05

어머니와 이태리타월

아파요⋯ ⋯.

어릴 적 대중목욕탕에 가면 저와 동생들 등을 밀어주셨던 어머니,
혹 나이 많은 동네 할머니라도 뵈면 할머니 등까지 밀어주셨던 어머니.

그때는 등이 너무 아팠고, 엄마는 무슨 장군인 줄 알았습니다.

그러다 어느 날 나이가 들어 어머니와 함께 대중목욕탕에 가서 알게 되었습니다.
제 등을 밀어주시는 어머니의 손에 세월의 무게가 힘겹게 내려앉아 있다는 것을요.

이제는 등이 아프지 않습니다.

하지만 마음이,
마음이 아픕니다.

에코 가방 만들기

재료

겉감용 리넨 34×38cm 2장, 안감용 리넨 코튼 34×38cm 2장, 손잡이용 감과 먹 복합 염색 코튼 13×49cm

만드는 방법

1 겉감 앞면에 25번사 3올로 체인스티치를 놓는다.

2 겉감 앞면과 뒷면을 겉끼리 맞대고 옆과 바닥을 시접 1cm로 두고 박음질한다.
  안감도 앞면과 뒷면을 겉끼리 맞대고 창구멍을 남겨두고 시접 1cm로 두고 박음질한다.

3 손잡이 끈은 길이로 접어 시접 1cm로 접어 박는다.

4 겉감에 손잡이를 11cm 간격으로 시침한다.

5 안감의 겉과 겉감의 겉이 마주 볼 수 있도록 안감에 겉감을 넣어 가방 입구 부분을 박는다.

6 안감의 창구멍으로 뒤집은 뒤 공그르기 한다.

7 손잡이 끈의 가운데는 반으로 접어 10cm 정도 박음질한다.

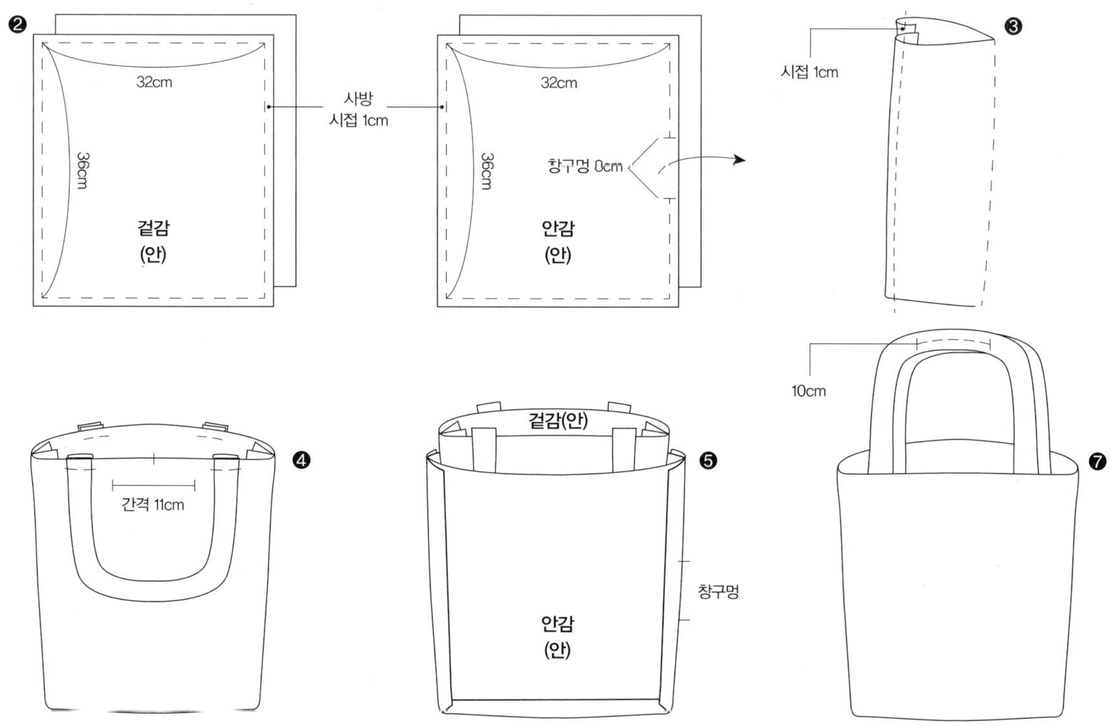

06

여보, 올거야. 봄!

3일 밤낮으로 눈이 내리면 눈은 얼마나 쌓일까요?
저녁부터 내린 눈이 아침에 일어나니 발목까지 쌓여 있었지요.
그 정도야 이곳 삼척에서는 흔한 일.

가볍게 눈삽 들고 나가 집 앞 올라오는 길을 치웠습니다.
점심쯤에는 눈사람을 만들어주는 센스까지!

'음, 아직도 하늘이 어두운 걸 보니 내일도 눈이 내리겠어.'

이때까지만 해도 유유자적.
다음 날 아침 일어나 창밖을 보니 눈이 무릎 위까지 쌓여있습니다.
함박눈이다 보니 쌓이는 속도와 양은 상당했습니다.

'이틀 정도 눈 오는 거야 가끔 있는 일이잖아.'

눈삽 들고 작업장 가는 길만 조금 치웠습니다.
집 앞 올라오는 길은 이제 포기한 상태.
그칠 줄 모르는 눈은 계속 소복소복 내립니다.

아직도 하늘은 시커멓고 눈은 그칠 기미가 안 보이니 슬슬 걱정되기 시작했지요.
마당의 배롱나무는 가지를 축 늘어뜨렸고 가뜩이나 통행하는 차가 없는 도로에
버스마저 끊겨 제설차만 간혹 다닐 뿐입니다.

쌀독에 쌀은 넉넉하고 반찬도 있고 라면 좋아하는 남편이 사다 놓은 라면도 어느 정도 있으니
먹을 것 걱정은 없었지만 눈만 좀 왔다 하면 떨어져 나가는 기왓장과 전기가 끊기고 통신이 두절되지 않을까
염려됩니다. 물론 그런 것들은 불편한 일들이지 아주 큰일이 나는 것은 아니지요.
아마도 이 정도의 눈이라면 기왓장은 몇 장이 깨지고 혹 전기나 통신이
끊어진다고 해도 금방 복구될 겁니다.

그리고 그 다음 날.

하늘은 여전히 어두컴컴했으며 눈은 아직도 더 내릴 태세입니다.
눈사람은 이제 쌓인 눈에 묻혔으며 배롱나무에 쌓인 눈을 치우러 가는 길은
설피를 신더라도 어렵게 느껴졌습니다.
1미터는 족히 쌓여있었던 거지요.
'불편할 뿐이야. 이왕 이렇게 된 거 세상도 조용하니 책 읽고 영화나 보고 편하게 있자.' 했지요.

그런데, 그런데!
걱정했던 전기와 통신이 아니라 수도가 끊긴 겁니다.

겨울에 물이 끊기는 경우는 한두 번씩 있던 일이라 곧 해결되겠지 하고 기다렸는데
하루가 지나고 이틀이 지나도 복구될 기미가 안 보였습니다. 어렵게 강가에 내려가
물을 떠와서 연명하기를 며칠. 아, 정말 씻고 먹는 것보다 더 많은 물을 필요로 하는 곳이
화장실이라는 사실을 알기까지는 오랜 시간이 걸리지 않았습니다.

결국 물을 퍼오는 것도 한계에 부딪쳐 한 달여간은 양수기에 의존해서 생활해야 했습니다.
이런 경험이 생긴 후 하루 이틀 눈 내리는 것과는 가볍게 눈인사 나눌 정도의 내공이 쌓였는데
지난겨울 더 지독한 눈을 만났습니다. 장장 5일 밤낮으로 눈이 내렸고 1미터로 쌓인 눈을
또 볼 일이 있을까 했는데 2미터 가까이 눈이 쌓인 믿어지지 않는 광경을 보게 되었습니다.
다행히 걱정했던 수돗물은 주르륵 문제없이 나왔고 전기와 통신도 끊어지지 않았습니다.
다만 기왓장이 와르르 떨어지는 소리를 들어야 했답니다.

물이 끊긴 겨울을 보낸 남편은 그해가 가장 악몽이었다고 아직도 이야기합니다.
그런데 살면서 그토록 힘든 날을 만날 때가 종종 있습니다.
초긍정주의자인 남편이 어떤 일 때문에 힘들어 하는 것을 지켜보다가 힘내라는 마음을 담아
그날의 눈 온 풍경을 수로 놓아줬습니다.

"여보, 올기야. 봄!"

"그런데 여보, 마당이 두꺼운 목화 솜이불 덮고 있는 거 같지 않아?"

밑그림 도안 P. 146

실내화에 수놓기

"실내화는 보기보다 만들기 까다롭고 손이 많이 가는 소품입니다.
마침 남편이 좋아하는 회색의 기성품 실내화가 있어 그것에 수를 놓아주었습니다.
완성품일 경우 수놓기가 조금 힘들긴 하지만
매듭 처리만 주의해서 하면 멋진 룸 슈즈가 됩니다."

재료

실내화, 실

만드는 방법

1 실내화 앞면에 겨울나무를 수놓는다.

넘 친절해서
기분 좋아지는 집
문구마을
덕산물회
백곰세탁
→ 전화 주세요
문향 제과
추억의도너츠
근덕 마당골
푸짐한 밥집
없는거 빼고
다 있는 집
세광철물공구
찹쌀순대
매운순대 짱!
장날에만
800년 된
느티나무
마을 내에
가면
작지만
그래서 좋은
봄볕 내리는 날
가는 길
2이4 하루

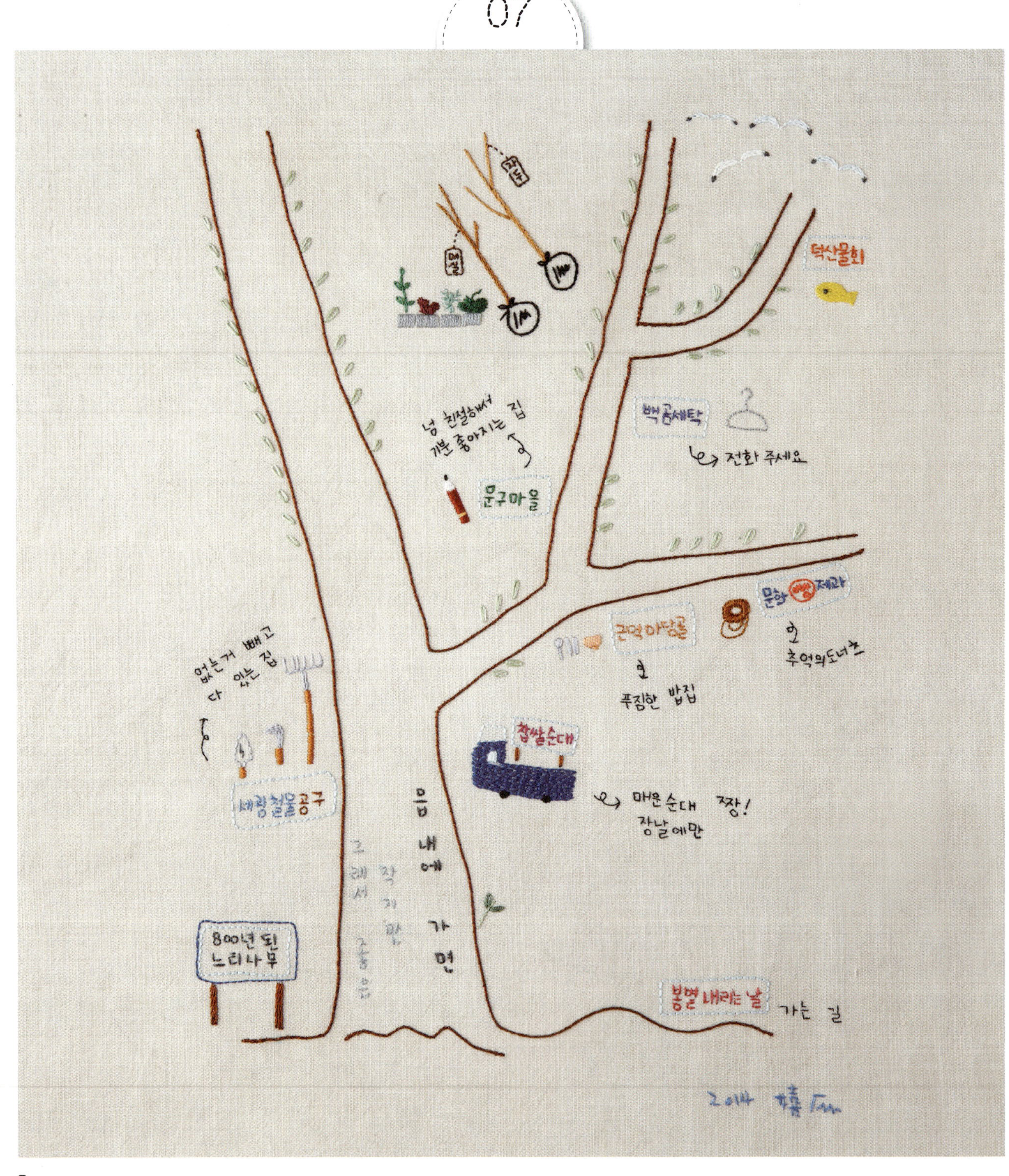

07

밑그림 도안 P. 148

읍내에 가면

시골에서 살면서 불편한 점은 없나요?

심심하지는 않나요?

뭐 먹고 사나요?

5일장에 가면 호미, 모종, 도너츠, 순대 등이 가득합니다.
집에 돌아올 때는 두 손에 이 모든 것이 가득 쥐어져 있답니다.

제가 곧잘 듣는 질문입니다. 크게 불편한 것은 없고, 마당에 풀 뽑으랴 작업하랴
심심할 틈도 그다지 없고, 먹는 거야 농사도 짓고 동네 분들께 구하기도 하니까 괜찮은데
다만 보고 싶은 전시나 교육받을 수 있는 곳이 멀리 있다는 게 좀 아쉽다고 대답합니다.

승용차로 15분쯤 나가면 동네 읍내가 있습니다.

너무 작은 동네라 5일장도 보잘것없지만 맛난 순대도 팔고
오래된 빵집에서 달달한 도너츠도 한 번씩 사옵니다.

그러다 간혹 푸짐한 백반 집과 신선한 물회 집도 가고,
없는 거 빼고 다 있을 것 같은 철물점에 들러 필요한 물건들도 사서 돌아옵니다.
특히 봄이 되면 고추, 호박, 상추 모종들과 매실이나 자두, 배 등
각종 나무들도 새 주인을 기다리고 있지요.

읍내 중앙에 자리 잡고 있는 800년 된 느티나무 아래서
잠시 쉬었다가 장날 구경하고 집에 돌아올 때는
모종과 나무들이 어느새 두 손 가득 쥐어져 있답니다.

제게는 작지만 그래서 좋은, 시골 읍내입니다.

밑그림 도안 P. 150

컵 받침 만들기

"저를 행복하게 만드는 5일장의 도너츠, 꽃 모종, 호미 등을
수놓아 컵 받침을 만들었습니다."

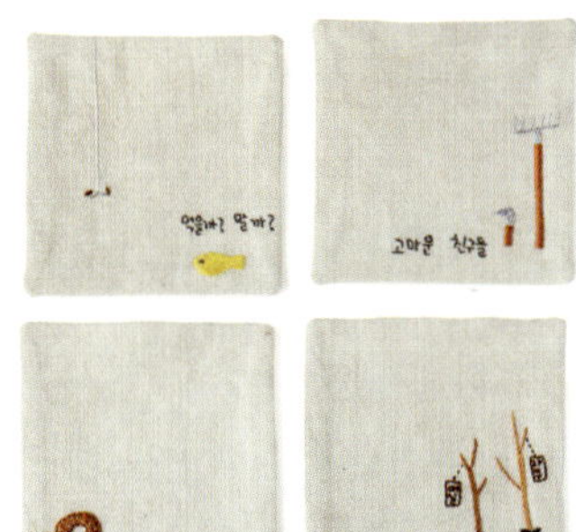

재료

고령토 염색한 무명 12×12cm 8장

만드는 방법

1 앞면에 도안대로 자수를 놓는다.

2 앞면과 뒷면의 겉면끼리 마주 대고 4면 시접 1cm를 두고 창구멍을 제외하고 박음질한다.

3 뒤집은 뒤 창구멍을 공그르기 한다.

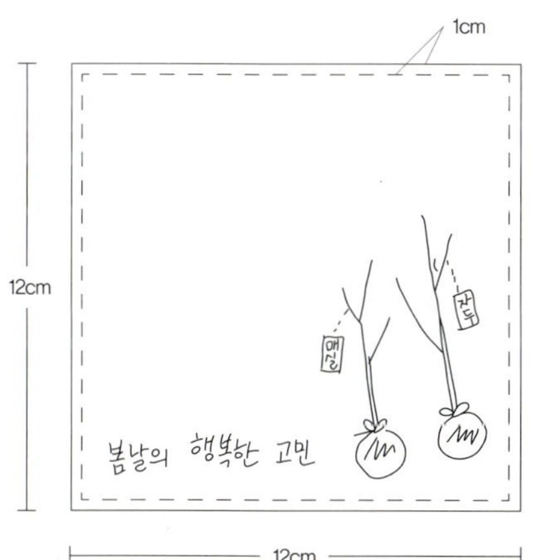

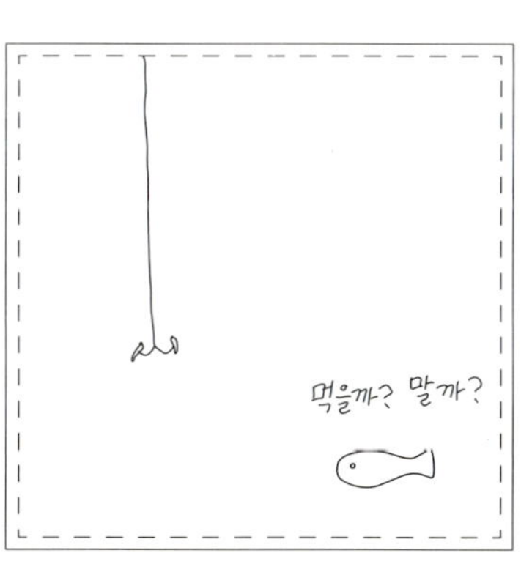

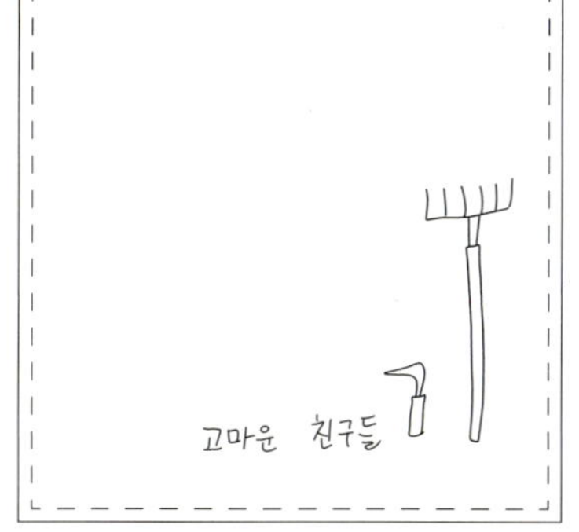

밑그림 도안 P. 152

꽃밥

시집올 때 사온 플라스틱 쌀통에 쌀벌레가 자꾸 생겨 쌀통을 할머니가 주신 장독으로 바꿨습니다.

장독 입구 한쪽이 살짝 찌그러져 있는데 구입할 때부터 그랬던 것 같아요.

요즘이라면 상품으로 나오지 못했을 법한데

'할머니께서 동네 어느 옹기 굽는 곳에서 사지 않았을까'라는 생각이 듭니다.
그래서인지 그 장독에 유독 정이 갑니다.

쌀을 담아 두었지만 뚜껑도 없고 마루 한가운데 제법 큰 장독이 떡하니 자리를 차지하고 있으니
다들 뭔가 궁금해하시기도 해서 하얀 광목으로 밥그릇을 간단하게 수놓아 두고
쌀독이라는 표시를 했습니다.

강원도로 이사 온 뒤부터는 부모님을 도와 벼농사를 짓고 있습니다.
볍씨를 모종판에 담아 키워서 모내기를 하는 날, 동네 아저씨는 이렇게 말씀하시곤 합니다.

"아이고, 올해도 걱정 다 놓았네."

논농사가 적은 지역이다 보니 감자며 옥수수로 주식을 삼아 온 이곳에선 쌀이 좀 더 각별합니다.
논에 물 들어가는 것과 자식 입에 밥 들어가는 것보다 기쁜 일은 없다는 말도 있듯이
논에 물 대는 일은 아주 중요하답니다. 가뭄이 들거나 장마가 질 때는 물론이며 태풍이 닥칠 때면
벼가 쓰러지지 않도록 몇날 며칠을 논 주변을 서성거리게 됩니다.

그리고 가을에 수확한 뽀얀 햅쌀이 식탁에 올라오는 날.
아무런 반찬이 없어도 그 밥은 참 달고 답니다.
밥그릇에 담긴 그 밥이 마치 꽃 같아 보입니다.

꽃 같은 밥, 밥 같은 꽃.

쌀독 뚜껑이 닳아 이제는 '꽃밥' 수를 놓을까 합니다.

🖊 밑그림 도안 P. 153

"무명천에 밥그릇을 수놓아 쌀독 뚜껑을 만들었어요.
부모님이 농사지으신 꽃 같은 밥, 밥 같은 꽃 가득 담아 둘거예요."

재료

하얀 무명 천 44×44cm(항아리 입구 지름 30cm+14cm) 2장,
바이어스테이프 3×150cm, 고무줄 70cm

만드는 방법

1 무명천은 항아리 입구보다 14cm 정도 큰 원형으로 2장 자른다.

2 앞면 원하는 위치에 수를 놓는다.

3 겉감 안과 뒷면의 안끼리 마주 대고 항아리 지름보다 각각 3cm와 4cm 크게 원형으로 박음질한다.

4 덮개 끝에 바이어스테이프를 박는다.

5 덮개 안쪽에서 ③의 박음질 사이에 가위로 작은 구멍을 내고 고무줄을 넣은 뒤 버튼홀스티치로 마무리한다.

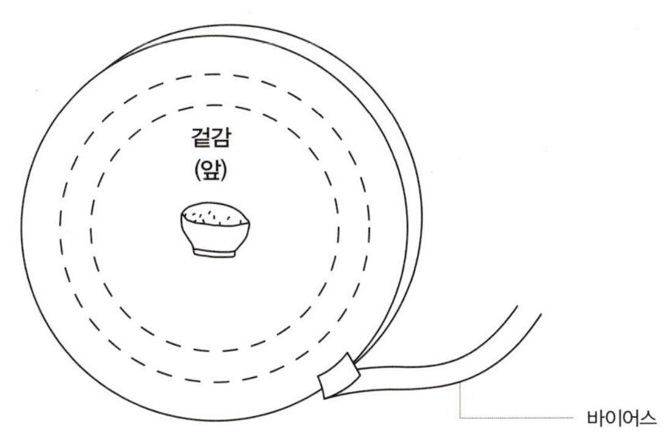

09

✏ 밑그림 도안 P. 154

꽃비

봄바람 한 번 휘~이 불자
매화 꽃잎이 후드득 날립니다.

마치 꽃비가 오시는 듯합니다.

아, 저 꽃비!

마음에도 내렸으면 좋겠습니다.

밑그림 도안 P. 154

"매화 꽃잎 후드득 날리던 날, 제 마음에도 꽃비가 내립니다.
그 마음을 담은 수를 액자로 만들었어요."

재료

겉감 앞면용 고령토로 염색한 무명 24×24cm, 뒷면 감 염색한 면 30×30cm,
코치닐 염색한 진분홍 모시 · 연분홍 모시 약간씩

만드는 방법

1 꽃잎 모양대로 모시를 오려 겉감의 원하는 위치에 패브릭 풀로 붙인다.

2 꽃잎을 스트레이트 스티치와 프렌치 너트 스티치로 수놓는다.

3 아래쪽에 한 잎씩 있는 꽃잎은 분홍색 퀼트 실로 스트레이트 스티치를 놓는다.

4 뒷면은 시접 1cm로 접어 겉감을 감싸 4면을 공그르기 한다.

❸

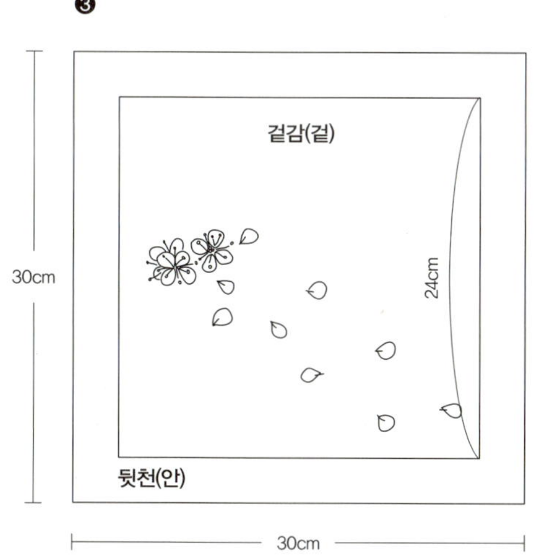

❹

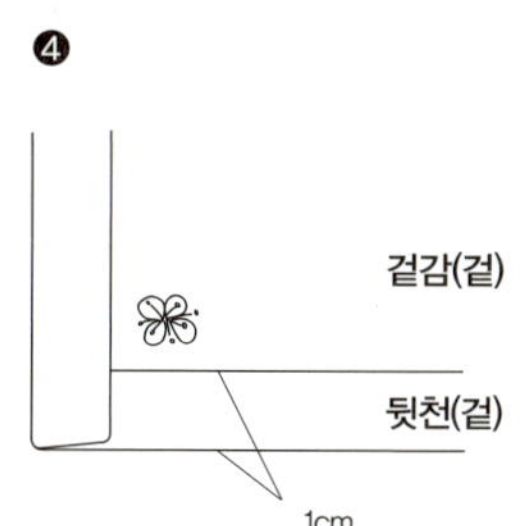

10

밑그림 도안 P. 156

꽃 편지

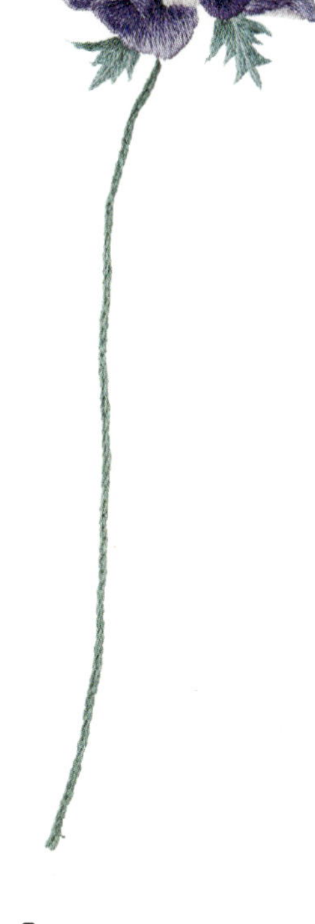

꽃집에서 파는 꽃도 아름답지만 마당의 꽃이 더 아름다운 이유는
함께한 세월의 기억 때문일 겁니다.

씨앗을 뿌렸든 모종을 사서 심었든 잎이 나고 꽃이 피기까지
시간을 함께 했기 때문이죠.

가드닝이 뭔지도 모르는 채로 그냥 얻기도 하고 사기도 해서
마당에 좋아하는 꽃을 한 포기씩 틈틈이 심었습니다.

범의 꼬리, 접시꽃, 구절초, 데이지, 아네모네, 층층꽃, 비비추,
산수국, 원추리, 나리꽃, 백합 심지어 먹기 위해서가 아니라
꽃을 보기 위해 도라지까지 심었습니다.

다들 잘 자랐지만 추운 겨울을 못 견디고

밑그림 도안 P. 155

도라지꽃, 아네모네, 층층꽃으로 편지지를 만들어 그리운 이에게 꽃 편지를 써봅니다.

밑그림 도안 P. 160

비록 꽃향기는 담을 수 없지만 꽃을 수놓고 나니

꽃이 제게 말을 거는 듯합니다.

그 마음을 담아 그리운 이에게 꽃 편지를 써봅니다.

그리움 담아 전하는 꽃 편지로 마음 한 편이 따뜻해집니다.

밑그림 도안 P. 162

방향제 주머니 만들기

"몇 년 전 작은 형님이 명절에 일본 과자를 가져오신 적이 있어요. 과자 맛은
지금 기억나지 않지만 과자 봉지가 특이해서 원단으로 그 형태를 만들어 봤지요.
블리언 로즈 스티치나 저먼 다닝 스티치로 자그마한 수를 놓아서 향기를 전해보는 건 어떨까요?
포푸리나 허브 말린 것을 담으면 좋아요."

재료

모시 7×13cm, 매듭 혹은 토션 10~20cm, 감칠질용 퀼트실 , 포푸리 약간

만드는 방법

1 원단에 도안을 그린 후 자수를 놓는다.

2 시접을 0.5cm로 해 4면을 각각 안쪽으로 꺾어 넘긴다.

3 긴 쪽을 반으로 접어 윗부분에 끈을 끼운 다음 퀼트실로 a와 b면을 감침질한다.

4 c와 d를 맞댄 다음 포푸리를 넣고 아랫부분을 감침질한다.

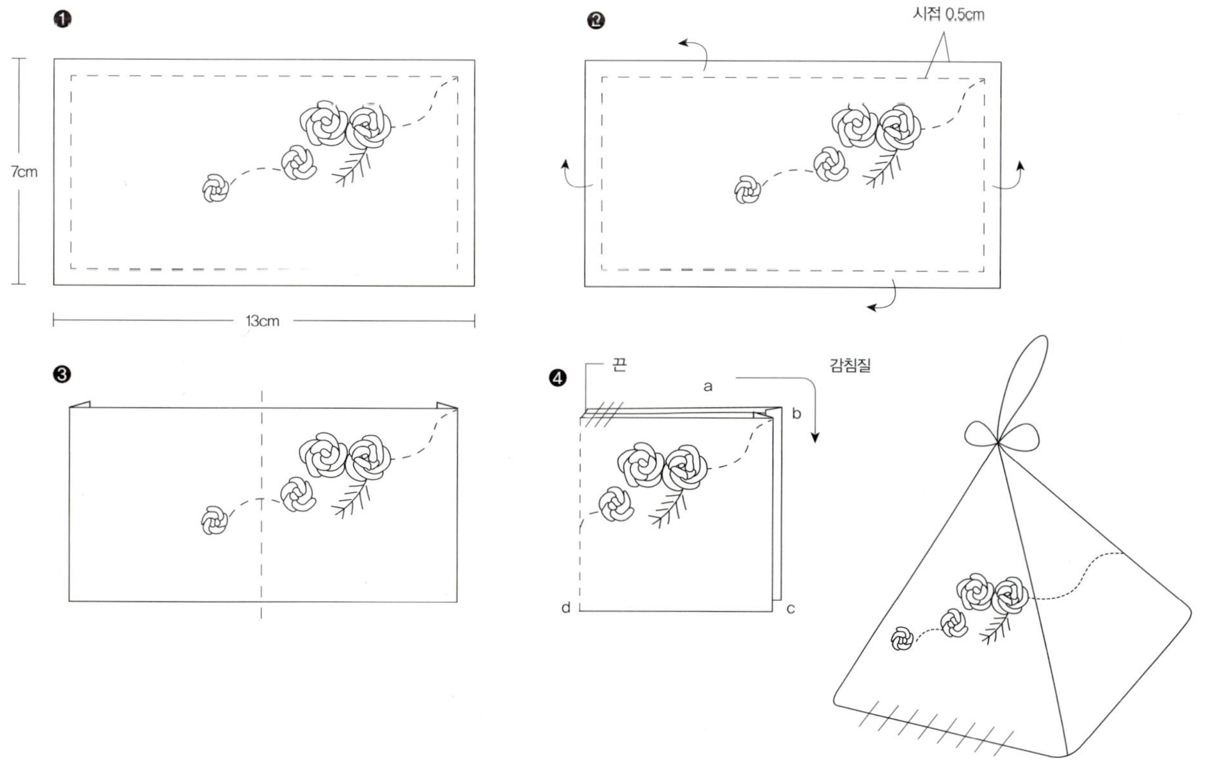

11

✏ 밑그림 도안 P. 164

나의 흉배

수를 놓다보면 남은 자투리 실들이 신경 쓰입니다. 버리지도 못하고 모아놓으면 어지럽기만 합니다.
그럴 때에는 이런 방법을 한 번 써보세요.
자투리 천에 제일 작은 수틀을 끼워 두고 쓰다 남은 실로 작은 꽃 하나둘씩 수놓아 수틀을
액자 프레임으로 이용하는 겁니다. 꼭 어떤 꽃일 필요는 없답니다.

그냥 손 가는대로, 놓고 싶은 대로,
도안 없이 레이지 데이지 스티치랑 스트레이트 스티치 혹은 블리언 스티치도 좋습니다.
처음엔 바늘꽂이 하나 만들까 했는데 작은 꽃들 모이고 나니 어느 새 꽃밭이 되어 있더군요.

문득 전통자수 배울 때 자신 없이 머뭇거렸던 흉배 생각이 났습니다.
작고 둥근 수틀 안에 모인 꽃들을 보니 마치 흉배 모양을 닮았습니다.
전통 자수에서는 흉배 안에 의미를 담아 학이나 호랑이 등을 수놓았다는데
나의 흉배에는 자은 꽃들이 가득 들어있습니다.

아마도 나의 흉배는 마음밭, 꽃밭이었으면 하는 바람 때문인가 봅니다.

수틀 액자 만들기

재료
작은 수틀, 하얀 천 약간, 자투리 실

만드는 방법
1 수틀에 하얀 천을 끼우고 자투리 실로 자유롭게 수를 놓는다.

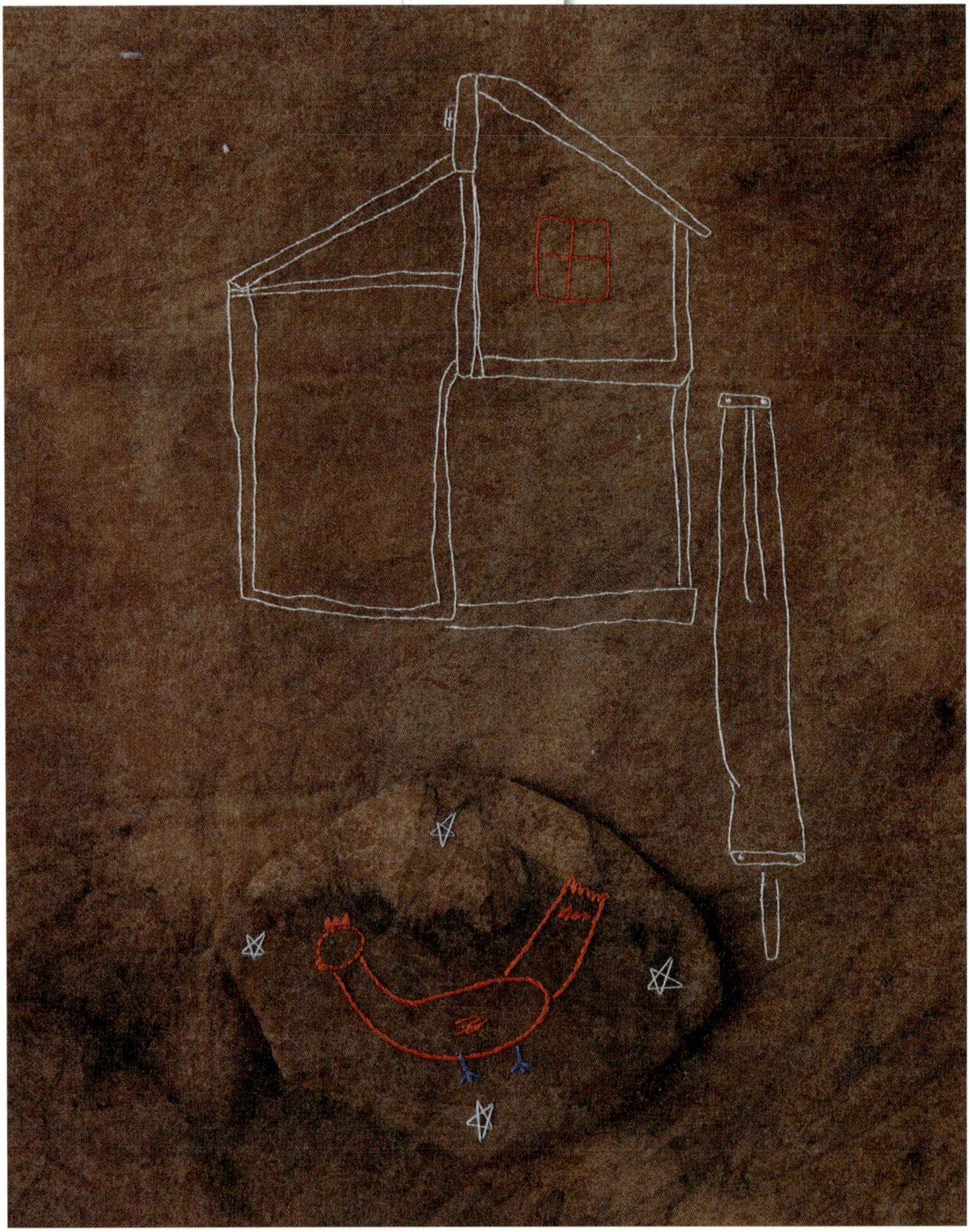

밑그림 도안 P. 166

닭장을 뛰쳐나온 암탉

몇 년 전 단지 유정란을 먹고 싶다는 바람으로 수탉과 암탉을 한 마리씩 키우기로 했습니다.
닭장도 짓고 암수 한 마리씩 병아리을 입양해 모이를 주면서 키웠지요.
병아리가 어느덧 자라 알을 낳던 날, 너무 신기했답니다.

그러던 어느 날 닭들이 부실한 닭장을 탈출해 마당을 돌아다니기 시작하더니
암탉은 느티나무 아래에서 알을 품기까지 하더군요.

어쩔 수 없이 그대로 뒀는데, 얼마 뒤 삐악삐악하면서 병아리들이 태어났습니다.
결국 암탉과 수탉, 병아리 세 마리까지 모두 다섯 마리가 마당을 휘젓고 다녔고
수탉은 병아리가 태어난 뒤로 드세져서 우리는 수탉을 피해 다녀야 했지요.

어느 날 그림 그리기 좋아하는 조카가 종이를 한 장 달라고 했습니다.
마당을 휘젓고 다니는 닭이 신기했는지
창문 밖으로 보이는 집이랑 빨랫줄을 그리고 나서는
다른 종이를 손바닥 크기로 오려 닭을 그리더군요.
그리고는 급하게 본드와 이쑤시개를 찾았습니다.

"본드 없는데. 풀로 하면 안 돼?"라고 물으니 꼭 본드가 있어야 된답니다.
창고까지 뒤져 본드를 찾아주니 닭 그림에 본드로 이쑤시개를 붙이고,
집 그림 아래 한 줄을 칼로 그어 그 사이에 이쑤시개를 끼우더군요.

그리고 나서 이쑤시개를 이리저리 움직이며 마당에 닭이 이렇게 뛰어다닌다고 설명해주는 것입니다.
그 반짝이는 아이디어가 너무 좋아 제 작업장에 그 그림을 붙여뒀습니다.
조카도 사랑스럽고 그림도 사랑스러워 자수로 놓아줬지요.
그림은 제 방에 걸어두고 자수는 조카 방에 걸어둘까 합니다.

밑그림 도안 P. 168

안경집 만들기

"조카가 그린 암탉. 안경집으로 변신했네요.
천으로 만든 안경집이 가벼워서 여행갈 때 편하게 가지고 다닐 수 있을 거 같아요.
암탉이 저렇게 고개 숙인 이유. 조카는 알고 있었을까요?"

재료

겉감용 먹 염색한 무명 42×17cm, 안감용 꽃무늬 리넨 코튼 42×11cm,
얇은 접착솜 42×11cm, 단추 1개, 와인색 가죽끈 55cm

만드는 방법

1 겉감 앞에 자수를 놓는다.

2 접착솜은 완성 크기대로 안감 뒷면에 붙인다. 이때 안경집을 사용하다 보면
  접착솜이 떨어질 수도 있으므로 누벼 주면 좋다.

3 주머니 안감과 뚜껑 안감을 시접 0.7cm로 박음질한다.

4 겉감의 앞면과 뒷면을 겉끼리 마주대고, 옆면과 바닥을 시접 0.7cm로 연결하고 라운드 부분은
  기웟밥을 준다. 안감도 겉감과 마친가지로 연결하되 바닥 쪽에 창구멍을 님겨둔다.

5 안감에 겉감을 넣은 뒤 입구 부분을 박음질 한다.

6 안감 바닥 쪽 창구녕으로 뒤집은 후 콩ㅗ브기 한나.

7 뚜껑에 가죽 끈을, 몸통에 단추를 단다.

8 입구와 뚜껑에 25번사 2올로 러닝 스티치로 상침 한다.

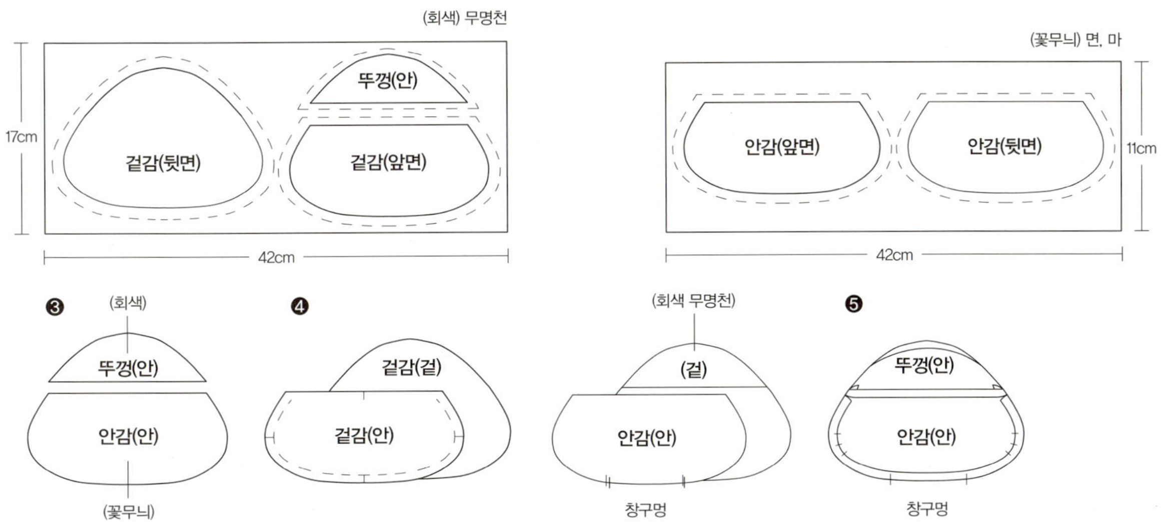

밑그림 도안 P. 170

동거

툇마루에 앉아 하늘을 보니 도리(서까래 아래 길쭉한 나무) 아래로 거미줄이 보입니다.

아, 그러고 보니 거미줄만 보이는 게 아니네요.

벌도 몇 마리 윙윙거리는 것을 보니 서까래 위로 집을 짓고 있나봅니다.
감자벌레로 불리는 노린재도 엉금엉금 툇마루를 기어 다니고, 기왓장 아래로는 새도 들락날락합니다.

겨울이 지나갈 때쯤이면 무당벌레까지도 분주하지요.

'너희들, 다들 구석구석 집 짓고 있구나.'

우리 집에 너희가 집을 짓고 있는 건지, 너희 땅에 우리가 집을 지은건지 모를 일이구나.

이렇게 원하든 원하지 않든, 알게 모르게 동거는 시작되었답니다.

그런데 정말 얘들뿐일까요?

밑그림 도안 P. 169

유리병 커버 만들기

"새콤달콤하게 잼을 만들어 리넨에 수놓아서 선물해 보는 건 어떨까요?
그 어떤 선물보다 따뜻하게 느껴질 거예요. 수놓은 천은 시접 처리 하지 않고
올을 풀어서 만드세요. 선물 받은 이가 다른 용도로 사용할 수 있게요."

재료

리넨 15×15cm, 마 끈 적당량

만드는 방법

1 리넨은 0.5cm 정도 올을 풀고 다양한 곤충을 수놓아 병뚜껑을 감싼 뒤 마 끈으로 묶는다.

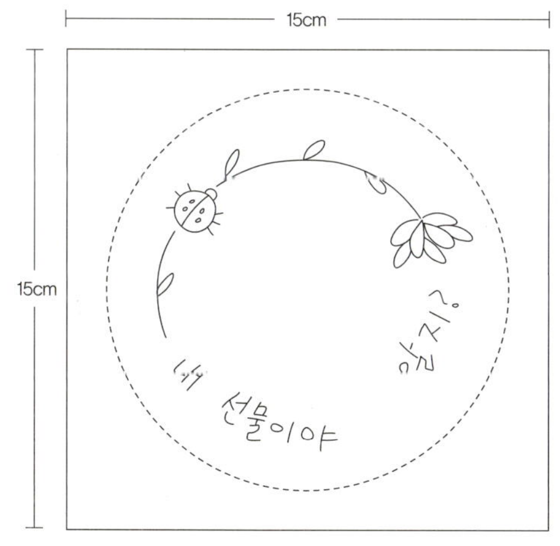

밑그림 도안 P. 172

둥굴레

둥굴레 꽃을 본 적 있나요?

둥굴레는 주로 차로 마시는데
뿌리만 차로 만드니 꽃을 못 본 이들이 많을 거예요.

어느 꽃인들 아름답지 않은 꽃이 있을까요?
하지만 둥굴레 꽃은 정말 정말 예쁩니다.

조롱조롱 하얀 꽃들이 새치름하게 매달려 있는 것을 보고 저는 둥굴레에게 이렇게 말해줬답니다.

"둥굴레라 쓰고 아침 이슬이라 부른다."

둥굴레 몇 포기 마당에 심었습니다.

그래서 어느 봄날 저는 아침 이슬을 만날 수 있을 겁니다.
연둣빛을 살짝 품고 있는 하얀 이슬 말입니다.

밑그림 도안 P. 172

쿠션 만들기

"쪽 염색한 천에 하얀 둥글레 꽃 수 놓은 쿠션으로
거실을 화사하게 꾸며 보세요."

재료

앞면용 쪽 염색한 자카드 37×37cm 1장, 뒷면용 쪽 염색한 자카드 37×22.5cm 2장,
지퍼 30cm, 쿠션 솜 35×35cm

만드는 방법

1 앞면 원단에 수를 놓는다.
2 겉감 뒷면의 지퍼 부분을 오버로크(휘갑)치고 시접 3.5cm, 2.5cm씩 각각 안쪽으로 접은 뒤
　뒷면 아랫부분(b)에 지퍼를 박는다.
3 뒷면 윗부분(a)을 아랫부분(b) 위에 2cm 정도 올려 점선대로 박는다.
4 앞면과 뒷면의 겉끼리 맞대고 시접 1cm로 박음질한다.
5 시면을 오버로크(휘갑)하고 뒤집어 솜을 넣는다.

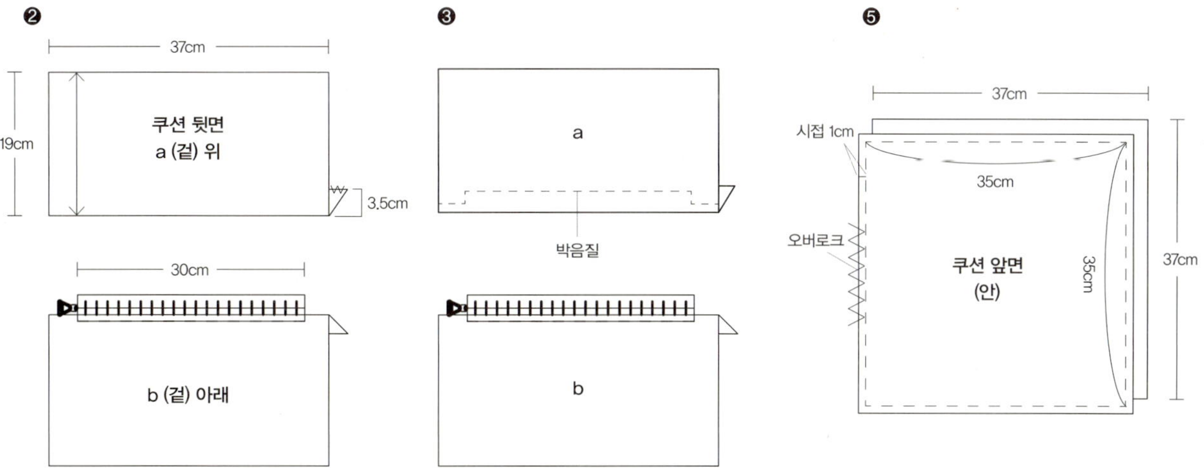

딸기밭에서

시골 와서 얼마 되지 않았을 때 이른 봄 아침에 부녀회장님으로부터 한 통의 전화를 받았습니다.

"나물 뜯으러 같이 가지 않을라우?"

"좋아요."

밑그림 도안 P. 174

아침을 간단히 먹고 부녀회장님 댁으로 가서 동네 옆 산으로 나물을 뜯으러 갔습니다.
가다 보니 마을의 좁은 골짜기 삼밭골 입구에 작은 집 한 채가 보였습니다.

그 집에 사는 할머니께서 저희를 보시고
"왜 이렇게 늦게 가누. 벌써 다른 이들 다녀갔어."라고 하십니다.
지금 올라가도 고사리를 꺾기 힘들 것이라는 말씀과 함께.

그래도 괜찮다고 말씀 드리고 저희는 산길 따라 올라갔지요.
역시나 나물은 많지 않았습니다.

두어 시간 만에 산에서 터벅터벅 내려오는데 삼밭골 할머니께서 저희에게 반찬은 없어도
점심 먹고 내려가라 하십니다. 너무 좋았지요. 할머니 댁에서 점심을 먹고 나오는데
감나무 아래 딸기 잎들이 흐드러지게 번져 있었습니다.

제가 '너무 예뻐라' 하고 감탄하니
할머니는 딸기를 몇 포기 뽑아 제게 주시고 약이라며 작약까지 한 포기 주셨습니다.
그 날 고사리는 못 꺾었지만 딸기를 구했으니 기쁜 마음으로 집에 돌아와 마당에 심었습니다.

다음 해 뿌리를 제대로 내린 딸기는 새하얀 꽃을 흐드러지게 피웠고,
작지만 새콤달콤한 열매를 맺었습니다.

딸기를 따겠다는 마음이 앞서 불쑥 손을 내밀었는데 무언가 쓱 지나가는 느낌이 들어서
화들짝 놀라 뒤로 물러났습니다.

뱀이었습니다.

저만큼이나 놀란 뱀 역시 뒤도 돌아보지 않고 꽁무니를 내빼고 있었던 거지요.
그 후로 딸기 따러갈 때는 이리저리 찬찬히 잘 살펴보는 버릇이 생겼답니다.

노지에 키우다 보니 수확 시기도 늦고 씨도 딱딱하지만 아침에 한두 알씩 따 먹는 재미는
쏠쏠하답니다. 그런 딸기를 보면서 빠르게 빠르게만 아니라 느리게 가는 법,

아니, 제대로 가는 법을 배웁니다.

밑그림 도안 P. 176

오븐 장갑 만들기

*"산딸기를 수놓아 장갑을 만들었어요.
누빔천을 넣고 도톰하게 만들었는데,
이때 안감을 대면 한결 깔끔해 보여요."*

재료

겉감용 쪽 염색한 스트라이프 리넨 코튼 46×41cm, 겉감용 먹 염색한 리넨 코튼 25×24cm,
안감용 파란색 면 46×41cm, 누빔 천 46×41cm, 끈 4.5cm x 18cm

만드는 방법

1 쪽 염색 겉감 앞면과 뒷면을 장갑 입구는 제외하고 시접 0.7cm로 박음질한 뒤
  둥근 부분에 가윗밥을 준다.

2 안감의 안쪽에 누빔 천을 시침해 겉감과 같은 방법으로 박음질한다.

3 겉감에 안감을 넣어 장갑 입구를 시침질한다.

4 끈은 긴 쪽을 시접 0.7cm로 반 접어 박은 뒤 장갑 옆선에 시침질한다.

5 먹 염색 리넨 고튼에 노안대로 수를 놓은 뒤 앞 전과 뒤 전의 옆면에 박음질해 가름솔 한다.

6 수놓은 원단의 위쪽과 아래쪽에 시접 0.7cm로 접어 다림질하고 장갑 입구와 안쪽에 공그르기로 붙인다.

7 끈은 위쪽으로 올려 상침한다.

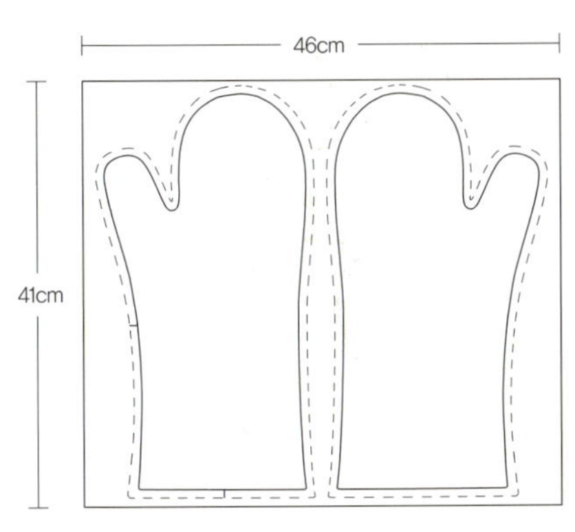

안감, 누빔천은 동일

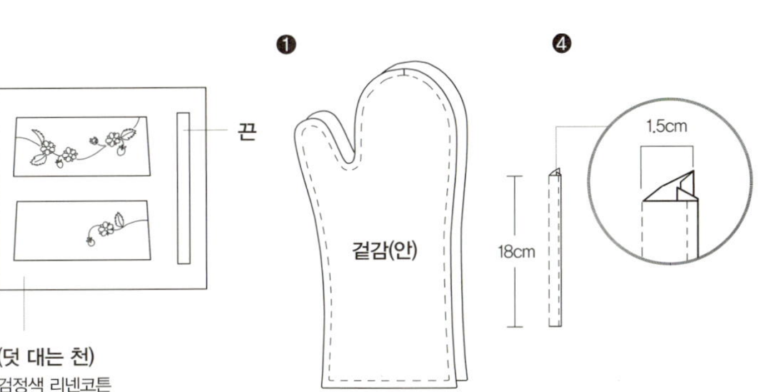

밑그림 도안 P. 178

바늘꽃

하늘거리며 무리 지어 피어 있던 하얀 꽃.

누군가 바늘꽃이라 알려줬답니다.

뾰족뾰족한 꽃잎이라 바늘꽃인 줄 알았더니 씨앗이 길쭉하게 맺힌다하여 바늘꽃이라 부른다네요.
두 포기 사다가 마당에 심었더니 포물선을 그리며 올망졸망 참하게도 피었습니다.

그런 바늘꽃 모습에 반해 수를 놓고 싶었답니다.

'바늘꽃'이라 '바늘쌈지'로 만들어 줘야겠다 하면서요.

바늘꽃 놓은 바늘쌈지에 크기별로 바늘 쪼르륵 꽂고 쪽가위도 하나 넣어뒀습니다.

바늘꽃 보며 수놓아 보고 싶었던 그 마음, 바늘쌈지 보면서 잊지 않으려고요.

밑그림 도안 P. 178, 180

바늘쌈지 만들기

재료

겉감용 무지 리넨 코튼 31.5×22.5cm, 안감용 무지 리넨 코튼 31.5×22.5cm,
주머니 감용 11.5×23.5cm, 6×23.5cm, 울 혹은 펠트 6.5×20cm, 가죽 끈 0.3×15cm,
짙은 갈색 바이어스 3.5×105cm, 싸개단추 지름 2cm 1개, 접착솜 31.5×22.5cm 2장

만드는 방법

1 겉감 앞면에 수를 놓은 뒤 접착솜을 붙인다.

2 주머니 원단 2장에 각각 수를 놓은 뒤 반 접어 옆과 아랫부분은 시접 0.7cm로
  안쪽으로 접어 다린다.

3 안감 뒷면에 접착솜을 붙인 뒤 주머니를 눌러 박고 바늘을 꽂을 곳은 울이나 펠트를 이용해 버튼홀 스티치로 고정한다.

4 겉감과 안감을 안끼리 맞대어 시침한 뒤 단추 고리용 가죽 끈은 바늘쌈지 뒷면에 시침한 다음 바이어스 친다.

5 싸개단추는 바늘쌈지 앞면에 단다.

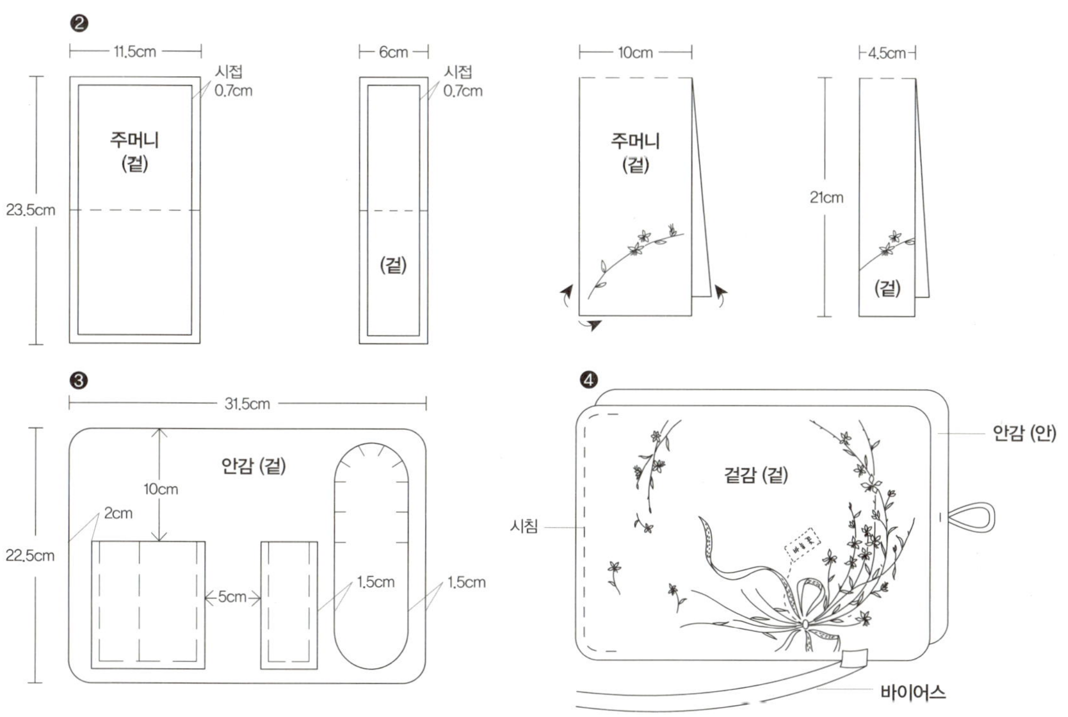

📝 밑그림 도안 P. 181

부추

초등학생였을 때입니다

등이 굽은 외할머니는 텃밭으로 가서 딸에게 줄 부추를 베고 계셨습니다.
어머니는 그 정도면 충분하다고 했으나 외할머니는 멈추지 않고 부추를 베고 또 베셨습니다.
그 날 나는 지루해하며 텃밭 주위를 서성거렸던 기억이 마당의 부추를 볼 때마다 가끔 떠오릅니다.

부추는 씨를 뿌린 그 해에는 수확해 먹기 힘듭니다.

상추나 쑥갓과는 달리 그 해 싹을 틔워 실낱같은 잎으로 한 해를 보내고,
다음 해나 되어야 통통하고 실해집니다.

그렇게 2년째가 되어서는 참으로 착한 나물이 되는데, 베고 1주일쯤 지나면 어느새 또 자라나 있고,
여러해살이라 해가 바뀌어도 봄이 오면 그 자리에 어김없이 새 잎을 피웁니다.

게다가 부추는 약효도 특별하여 예전에는 부엌 근처에 심어 놓고
수시로 쓱쓱 베어 반찬을 했다고 합니다.

아! 그렇게 베풀기만 하는 부추는 마치 외할머니 아니,
이 세상 모든 어머니를 닮았습니다.

베어도 베어도 솟아나는
자식에 대한 어머니의 사랑.

어머니의 맘은 부추였습니다.

작은 앞치마 만들기

"집안 일이 힘들고 지루하다고 느껴질 때 수를 놓이 앞치마를 만들어요.
예쁜 앞치마를 입으면 맛있는 음식을 만들고 싶어져요."

재료

겉감용 먹 염색 무명 82×40cm, 허릿단 겉감용 쑥 염색 무명 82×13.5cm,
끈용 감 염색 면 6×78cm 2장, 주머니용 회색 무명 19.5×24cm

만드는 방법

1 겉감인 먹 염색 무명 천에 수를 놓는다.

2 앞치마 겉감과 허릿단을 쌈솔로 연결한다.

3 앞치마 옆과 아랫단은 시접 1.5cm로 두 번 접어 박는다.

4 끈은 허릿단에 들어가는 부분 제외하고 3면을 시접 1cm로 접어 박는다.

5 허릿단은 시접 1cm로 4cm로 내려와서 양쪽 허리끈을 끼운 다음 눌러 박는다.

6 주머니의 윗부분은 시접 1cm로 접어 겉으로 3cm 내려와서 박고, 옆과 아랫부분은 오버로크(휘갑)친 다음,
  옆과 아랫부분을 시접 1cm로 접어 안쪽으로 넘겨 앞치마에 눌러 박는다.

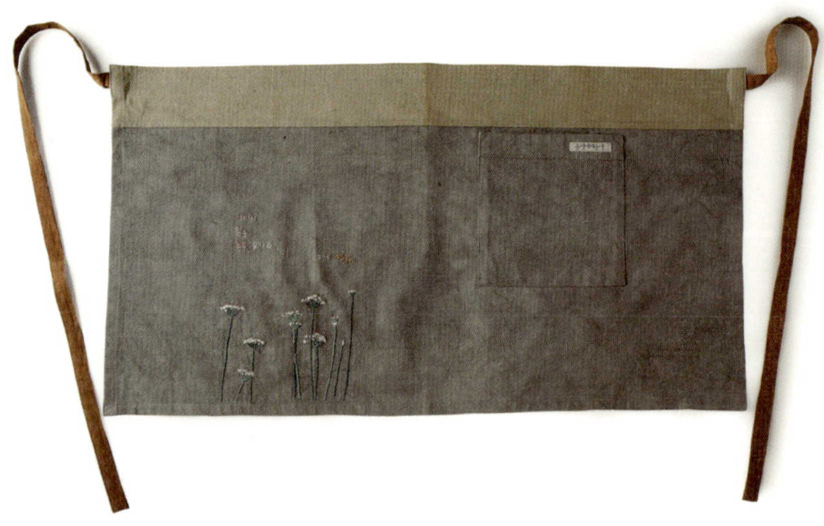

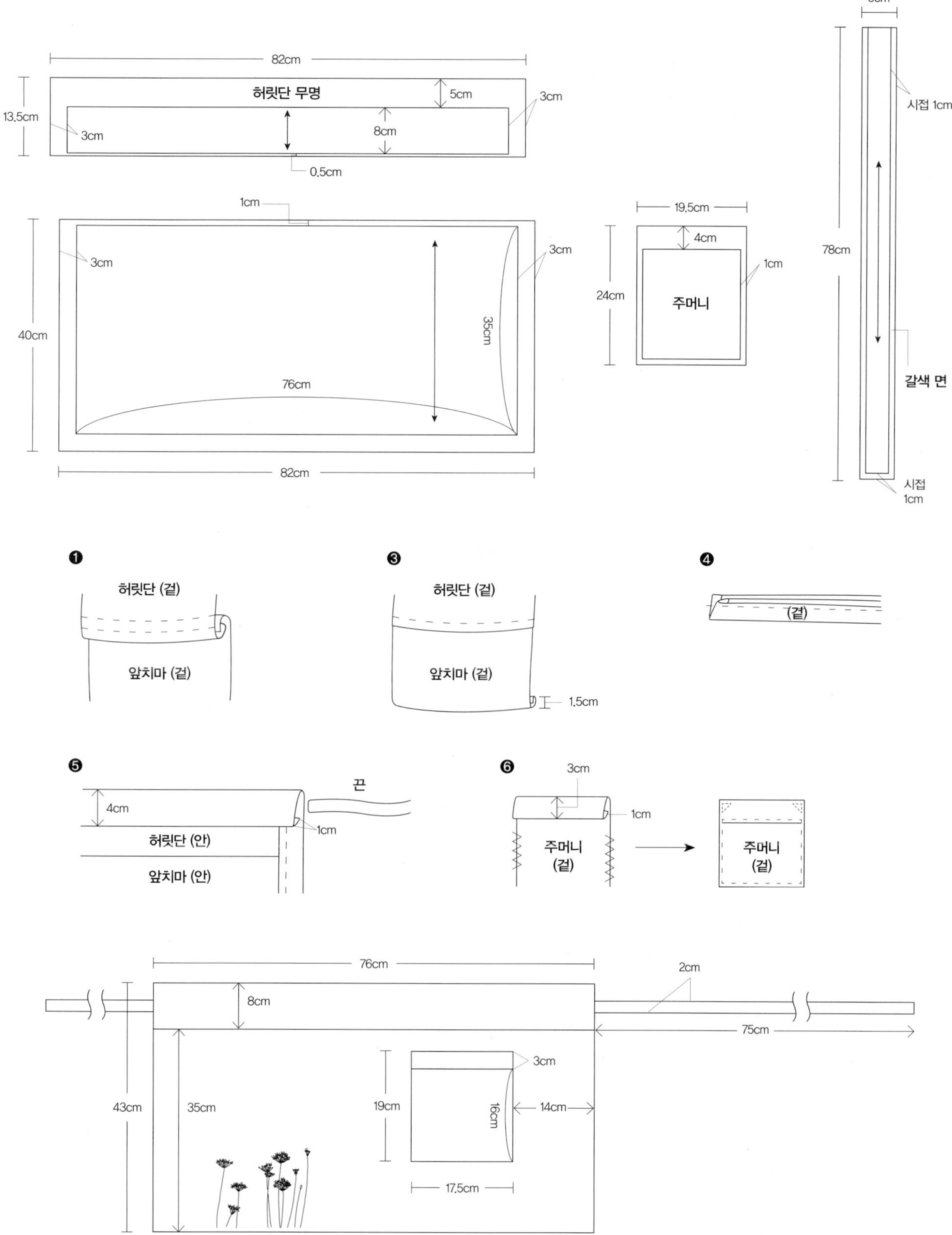
82cm
13.5cm
허릿단 무명
5cm
3cm
3cm
8cm
0.5cm
1cm
3cm
3cm
40cm
35cm
76cm
82cm
19.5cm
4cm
24cm
주머니
1cm
6cm
시접 1cm
78cm
갈색 면
시접
1cm
❶
허릿단 (겉)
앞치마 (겉)
❸
허릿단 (겉)
앞치마 (겉)
1.5cm
❹
(겉)
❺
4cm
끈
허릿단 (안)
1cm
앞치마 (안)
❻
3cm
1cm
주머니
(겉)
주머니
(겉)
76cm
2cm
8cm
75cm
43cm
35cm
19cm
16cm
14cm
3cm
17.5cm

밑그림 도안 P. 177

파우치 만들기

"동전 지갑이나 화장품 케이스로 활용할 수 있는 파우치예요.
활짝 핀 부추꽃으로 포인트를 주었답니다."

재료

겉감용 감과 쪽 복합염색 무명 26×18cm 2장,
안감용 꽃무늬 리넨 코튼 26×18cm 2장, 접착솜 25×16cm 2장, 프레임 15cm 1개

만드는 방법

1 겉감의 원하는 위치에 수를 놓는다. 겉감 앞면과 뒷면을 겉끼리 맞대고 옆과 아랫부분의 완성선을
   시접 0.7cm로 박음질 한 뒤, 파우치 바닥 부분을 박음질한다. 이때 라운드 부분은 가윗밥을 준다.

2 접착솜은 시접 없이 완성크기로 재단해 안감 안쪽에 붙이고, 안감도 ①과 같은 방법으로 박음질 한다.

3 안감의 겉과 겉감의 겉이 마주보도록 안감 안에 겉감을 넣은 뒤 파우치 입구를 창구멍을 제외하고 박음질 한다.

4 창구멍으로 뒤집은 뒤 공그르기로 막고, 프레임 가운데에서 옆으로 홈질하고 다시 가운데로 홈질해서 단다.

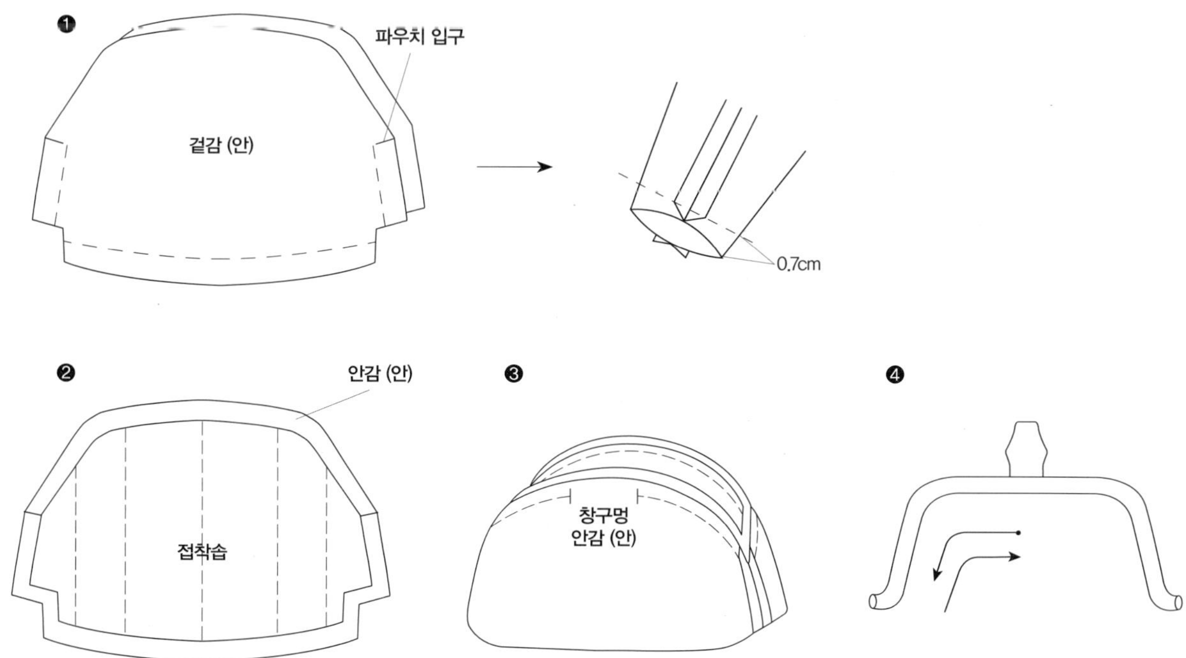

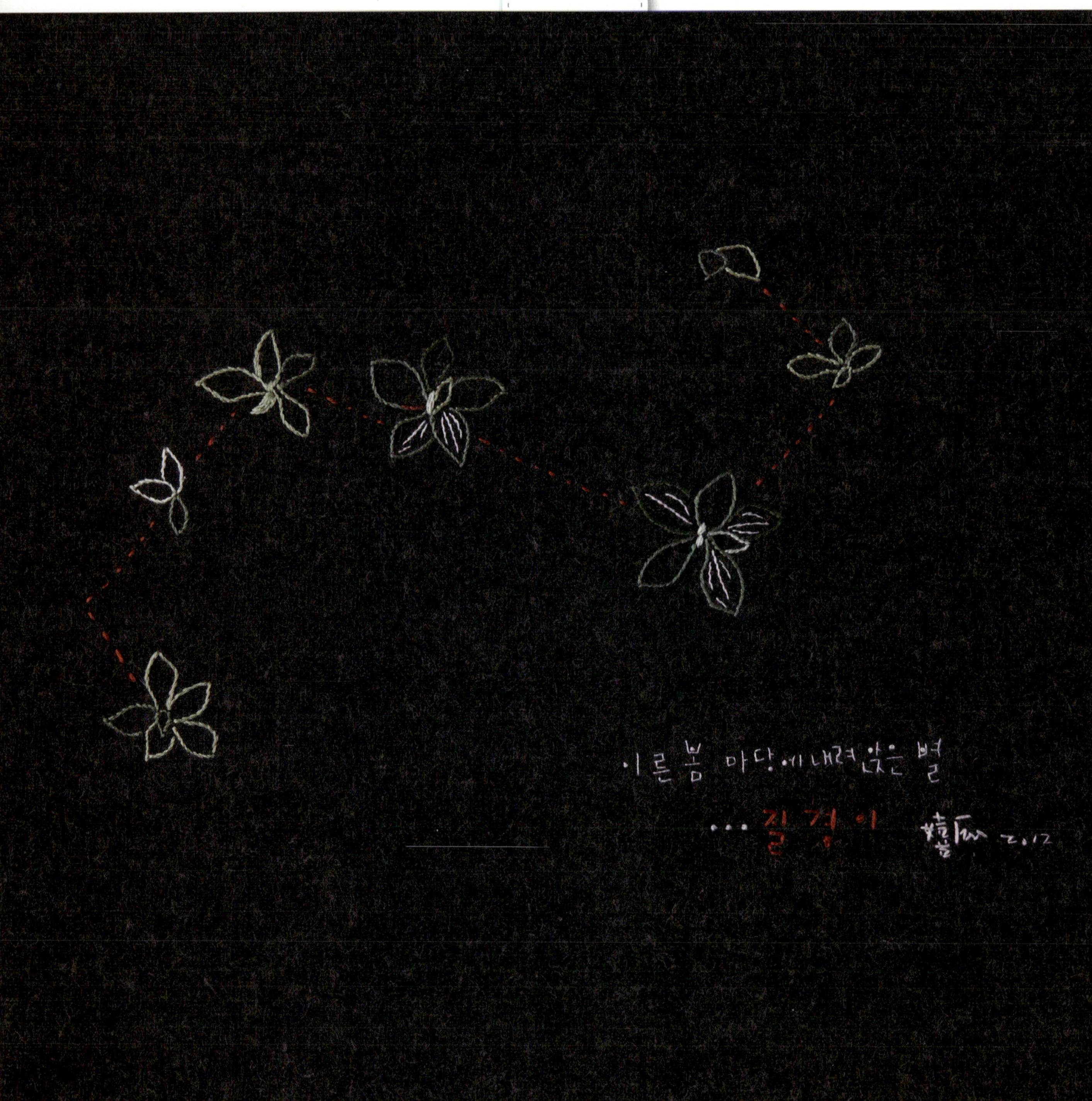

밑그림 도안 P. 182

질경이

이른 봄 마당에 내려앉은 별, 질경이

아직은 쌀쌀한 겨울바람이 묻어나는 아침,
마당에 나갔더니 연둣빛 별이 내려앉았다.

발에 밟힐까 조심조심.

밑그림 도안 P. 182

두건 만들기

"시골 생활의 필수품 두건. 직사각형 천만 있으면
아주 간단하게 만들 수 있어요."

재료

쑥 염색 거즈 면 30×67cm, 고무줄 20cm

만드는 방법

1 원단에 수를 놓는다.

2 원단의 긴 쪽을 반으로 접은 뒤 시접 1.5cm로 박음질하고 가름솔 한다.
  가름솔 한 시접을 한 번 더 접어 박음질한다.

3 윗부분은 시접 0.5cm로 접고 1.5cm 아래에 박은 뒤 고무줄을 넣는다.

4 아랫부분은 시접 0.7cm로 두 번 접어 박는다.

5 두건 뒷부분은 위에서 6cm 아래에 주름을 2.5cm 간격으로 3번 잡아 박는다.

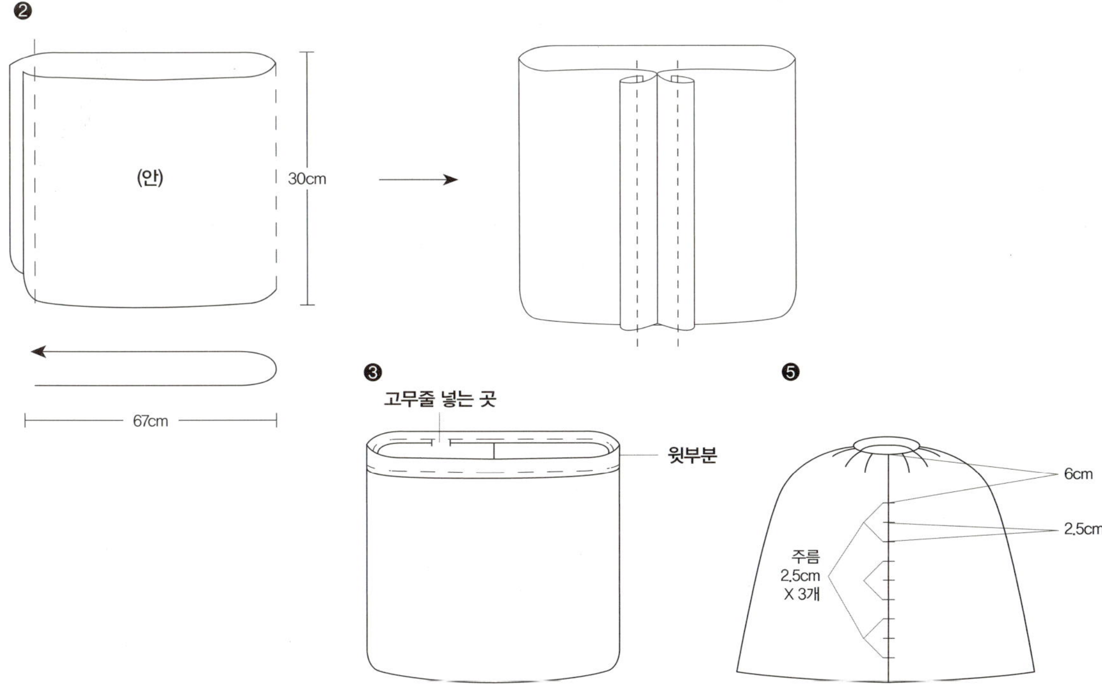

19

화딱지 수

'화딱지 수 기법'라고 들어보셨나요?

바느질을 하는 사람들은 두 부류로 나누어집니다.
조금이라도 맘에 안 들면 바로 뜯고 다시 하는 사람과 삐뚤빼뚤하더라도 절대 안 뜯고 끝까지 놓는 사람.

저는 두 번째 부류입니다. 완전히 잘못되지 않는 이상 뜯는 걸 무척이나 싫어합니다.
뜯는 걸 잘하는 이가 바느질도 잘한다는,
평생 바느질을 해 오신 시어머님 말씀을 듣고 보니 일리가 있습니다.
두려움이 없어야 하고 틀린 것을 고치다 보면 다시는 같은 실수를 반복하지 않지요.
뜯는 걸 싫어하더라도 도저히 뜯지 않고는 안 될 상황이 간혹 발생합니다.

그날도 애써 놓은 자수를 뜯고서는 짜증이 확 올라 "에잇" 하면서
그 실을 양손으로 비벼 뭉치고, 버리려고 손바닥을 폈더니

"어머, 너희들은 누구니?"

뭉쳐진 실들이 생각지도 못한 색 조합과 형태로 되어있지 않겠어요?
그 모양과 색깔이 예뻐서 천 위에 살짝 올려놓고 다른 실로 스트레이트나 카우칭,
프렌치 너트스티치 등을 활용해서 고정시키고 나니 색다른 꽃이 완성되었습니다.
그리고 저는 그 날 그 자수 기법을 이렇게 이름 지어 줬답니다.

"화딱지 수"라고요.

그리고 쓰다 남은 아주 작은 실들도 마구마구 뭉쳐줬습니다.
일명 화딱지 수로 재탄생 될 날을 기다리며.

"화딱지 수를 활용해 냅킨 홀더를 만들 때는
싸개단추 혹은 배접지를 사용하는 두 가지 방법이 있어요.
싸개단추는 고정하는 기구가, 배접지는 원단 2장이 필요해요."

재료

쓰다 남은 자투리 실 약간, 리넨 코튼이나 무명 8.5×8.5cm, 싸개단추 지름 3.5cm,
배접지 지름 5.5cm 2장, 마끈 60cm

싸개단추로 만드는 방법

1 원단 중심에 쓰다 남은 실을 뭉쳐 스트레이트, 프렌치 너트, 카우칭 스티치
  등을 이용하여 고정한다.

2 싸개단추 위에 원단을 올려 싸개단추 기구로 고정한 뒤 뒷면에 마끈을 단다.

배접지로 만드는 방법

1 원단 중심에 남은 실을 뭉쳐 스티치로 고정한다.

2 배접지는 완성 크기로 잘라 겉감 안쪽에 넣고 완성선 바깥쪽 0.5cm에
  곱게 홈실해 낭긴나.

3 뒤 천은 앞 천보다 0.1cm 작게 ②와 같은 방법으로 만든다.

4 앞 천과 뒤 천을 안쪽끼리 서로 마주 보게 하여 공그르기 한 뒤 마 끈을 뒤에 단다.

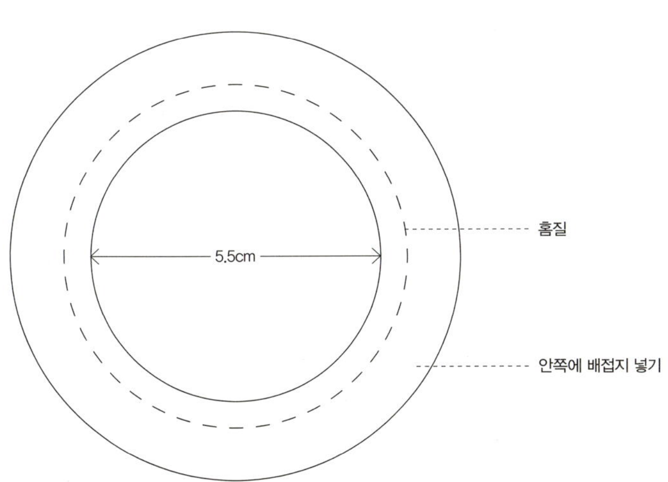

20

밑그림 도안 P. 184

My tree

15여년 전 우연히 보게 된 조각보 도록.
뭐든 시작은 사소한 것에서 일어나는 법.

조각보에서 시작된 작업은 천연 염색, 자수, 니들펠트로 자꾸 가지를 뻗어 나갑니다.
마냥 좋아서 시작했지만 그래도 뭔가 부족하고 채워지지 않는 느낌.

'나의 나무에 어떤 열매를 맺고 싶은 걸까?'

머릿속에서 떠나지 않는 생가.

그렇지만 하다 보면 나의 나무에도 내가 진정 원하는 열매가 달리겠지요?

그때까지 열심히 거름도 주고 물도 주고!

원피스 앞치마 만들기

"앞뒤 여밈이 있는 긴 앞치마는 앞치마지만 원피스 같은 느낌이 나서 작업복으로
입고 있다가 동네 마실 나갈 때 그냥 입고 가도 좋답니다. 자투리 천으로 나무 모양을
오려 누비고 나의 작업에도 꽃이 피길 바라는 마음으로 간단한 꽃 자수를 놓았어요."

재료

리넨 코튼 110×250cm, 감 염색한 자투리 천
바이어스 3.5×120cm 2개, 허리끈 6×100cm 4개

만드는 방법

1 앞판 원단에 감 염색한 자투리 천으로 나뭇가지를 만들어 박은 뒤, 원하는 꽃수를 놓는다.

2 앞판과 뒤판 어깨를 연결하고 가름솔 한다.

3 앞판과 뒤판의 안단천 어깨를 연결하고 가름솔 한다.

4 몸판과 안단천을 겉끼리 마주 대고 목둘레를 박은 후 가윗밥을 준다.

5 안단 천을 안쪽으로 넣어 시접 1cm로 접어 눌러 박는다.

6 진동에 몸판과 바이어스테이프를 겉끼리 마주 대고
　시접 0.7cm을 남기고 박은 후 안쪽으로 꺾어 넘긴다.
　아랫부분은 시접 0.7cm을 남기고 접어 눌러 박는다.
　이때 바이어스 한 쪽을 0.7cm 접어 다림질해두면 편하다.

7 앞치마 끈은 3면을 시접 1.5cm로 접어 눌러 박아 1.5×78cm 크기로 만든다.

8 몸판의 옆은 시접 1.5cm로 2번 접은 뒤 앞판과 뒤판 양옆에
　각각 끈 2개씩을 끼워 넣어 박음질한다.
　몸판의 아랫단도 시접 1.5cm로 2번 접어 박음질한다.

9 주머니는 아래 다트를 박고 입구 부분은 안단 천을 대고
　오버로크(휘갑치기)해 몸판에 붙인다.

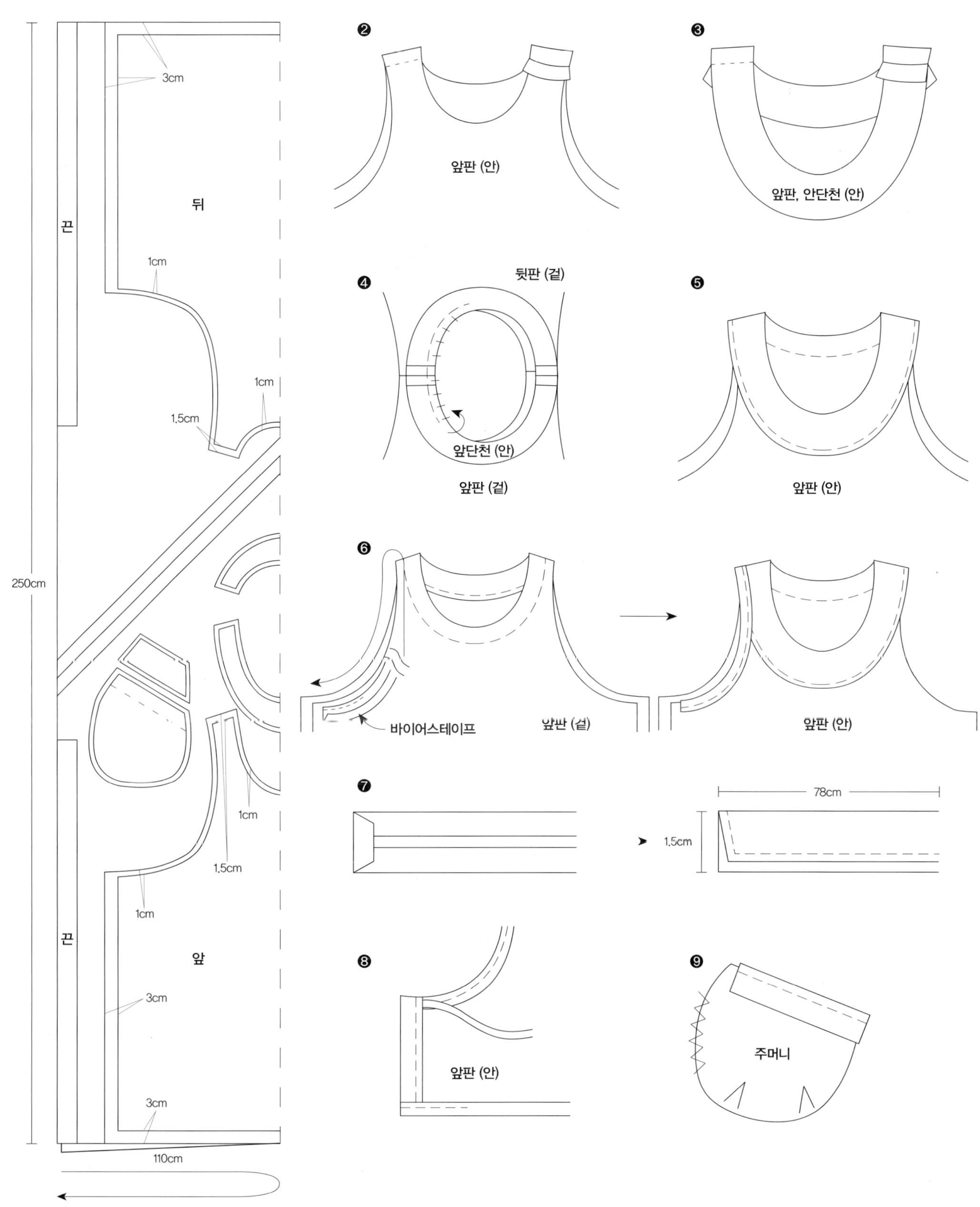
3cm
뒤
끈
1cm
1cm
1.5cm
250cm
1cm
1.5cm
1cm
끈
앞
3cm
3cm
110cm
❷
앞판 (안)
❸
앞판, 안단천 (안)
❹
뒷판 (겉)
앞단천 (안)
앞판 (겉)
❺
앞판 (안)
❻
바이어스테이프
앞판 (겉)
앞판 (안)
❼
78cm
1.5cm
❽
앞판 (안)
❾
주머니

✳ 도안 보는 방법

• 이 책에서는 DMC 25번사가 주로 사용되었습니다. 번수가 표시되지 않은 실은 25번사입니다.

• 도안에서 제목 아래 전체 사용된 실 번호를 표기하였습니다.

• 실 번호와 스티치 기법 보는 방법은 아래와 같습니다.

예) 704 (1) 새틴 s

→ 25번사 704번 색실 1가닥으로 새틴 스티치 합니다.

예) 369 (1) + 358 (2) 레이지 데이지 s

→ 25번사 369번 색실 1가닥과 25번사 358번 색실 2가닥을 합쳐서 3가닥으로,
레이지 데이지 스티치 합니다.

예) 996 (2) + 3843 (1) ⓑ 레이지 데이지 s + 스트레이트 s

→ 25번사 996번 색실 2가닥과 25번사 3843번 색실 1가닥을 합쳐서 3가닥으로,
레이지 데이지 스티치를 놓고 그 위에 스트레이트 스티치 합니다.

예) 5번사 920 + 920 (1) 카우칭 s

→ 5번사 920번 색실이 심지실, 25번사 920번 색실 1가닥으로
카우칭 스티치 합니다.

예) 823 (1) + 823 (1) 카우칭 s

→ 25번사 823번 색실 1가닥이 심지실, 25번사 823번 색실 1가닥으로
카우칭 스티치 합니다.

예) 793 (3), 794 (3), 3807 (3) 프렌치 너트 s

→ 25번사 793번 색실 3가닥, 25번사 794번 색실 3가닥,
25번사 3807번 색실 3가닥을 각각 프렌치 너트 스티치 합니다.

집宇 집宙 { 실제 크기의 73%로 축소된 도안입니다.
137%로 확대복사하세요.

집 : 발다니실 8번사 0531,
발다니실 8번사 0538, 445
구름 : BLANC
달 : 973
물조리개 : 318, 996
꽃 : 934, 3011, BLANC, 469,
704, 904, 611, 995, 996, 3843,
608, 371, 818, 3708

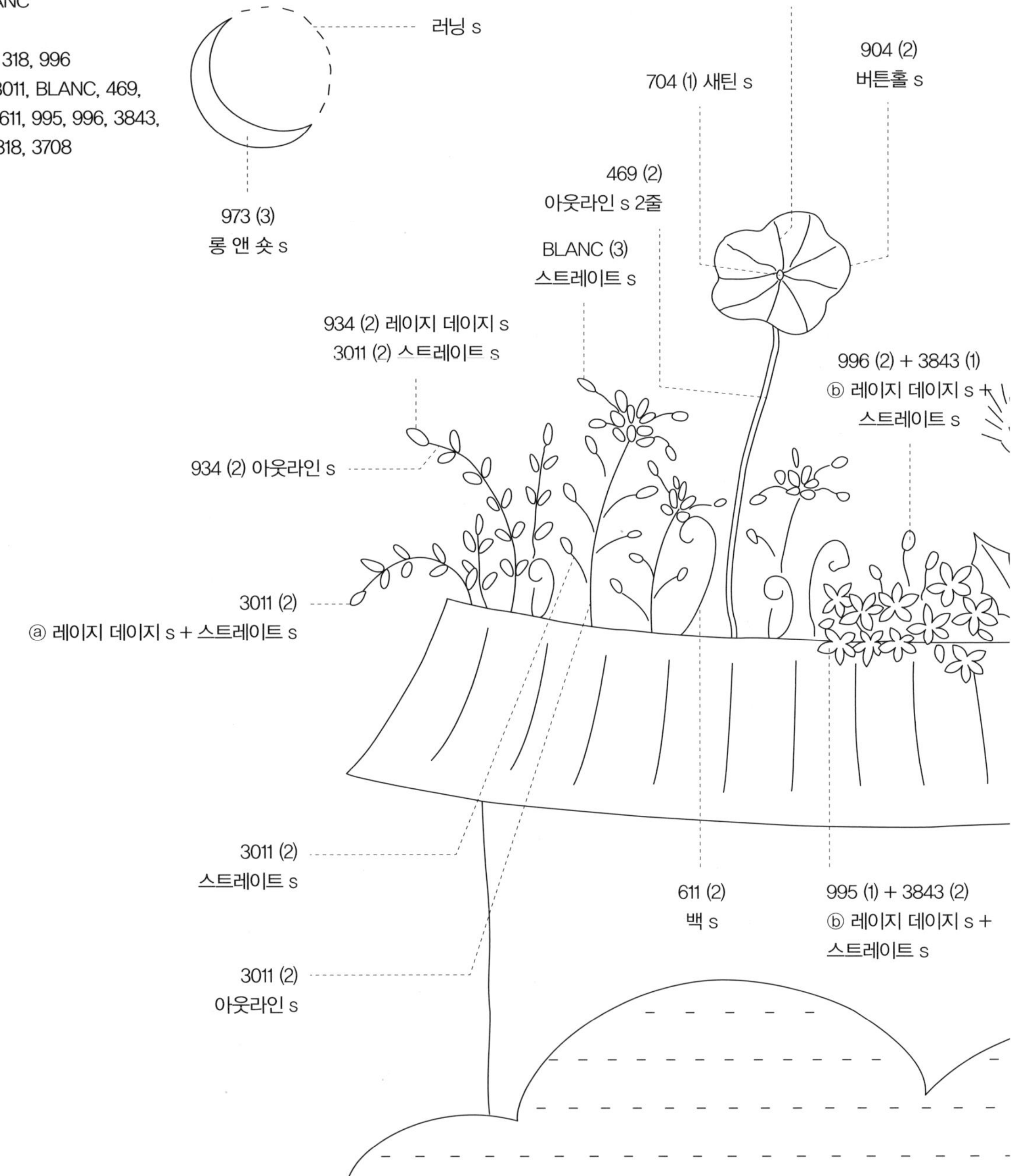

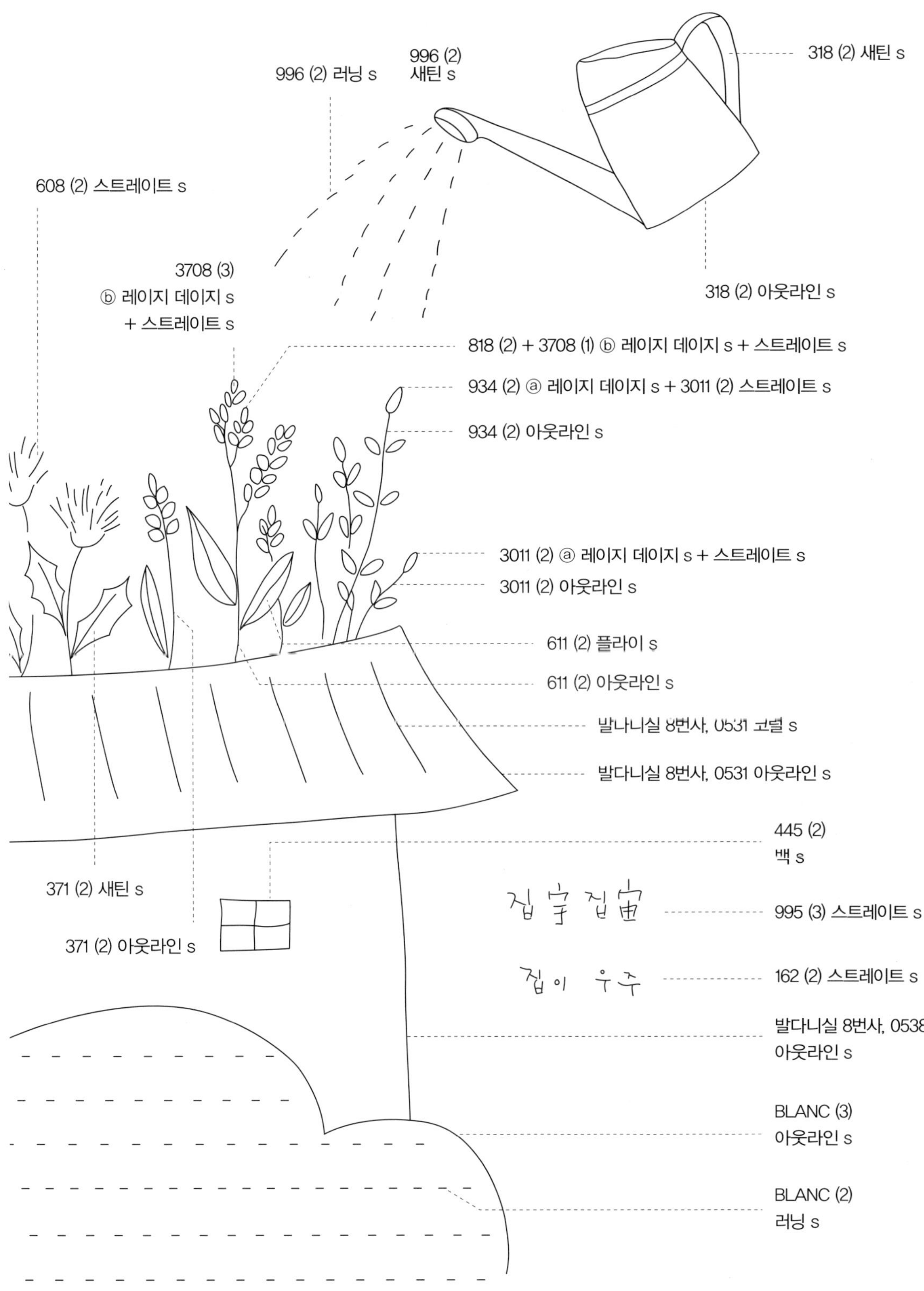

996 (2) 러닝 s
996 (2)
새틴 s
318 (2) 새틴 s
608 (2) 스트레이트 s
3708 (3)
ⓑ 레이지 데이지 s
+ 스트레이트 s
318 (2) 아웃라인 s
818 (2) + 3708 (1) ⓑ 레이지 데이지 s + 스트레이트 s
934 (2) ⓐ 레이지 데이지 s + 3011 (2) 스트레이트 s
934 (2) 아웃라인 s
3011 (2) ⓐ 레이지 데이지 s + 스트레이트 s
3011 (2) 아웃라인 s
611 (2) 플라이 s
611 (2) 아웃라인 s
발나니실 8번사, 0531 코럴 s
발다니실 8번사, 0531 아웃라인 s
445 (2)
백 s
집 집
집이 우주
995 (3) 스트레이트 s
162 (2) 스트레이트 s
발다니실 8번사, 0538
아웃라인 s
BLANC (3)
아웃라인 s
BLANC (2)
러닝 s
371 (2) 새틴 s
371 (2) 아웃라인 s

토끼풀과 돌나물

토끼풀 줄기 : 701
토끼풀 잎 : 702, 703, 704
토끼풀 꽃 : 819, 818
돌나물 잎 : 581, 3819, 165
돌나물 꽃 : ECRU, 801, 725

〈돌나물〉
잎 : 581, 3819, 165

꽃 : ECRU, 801, 725

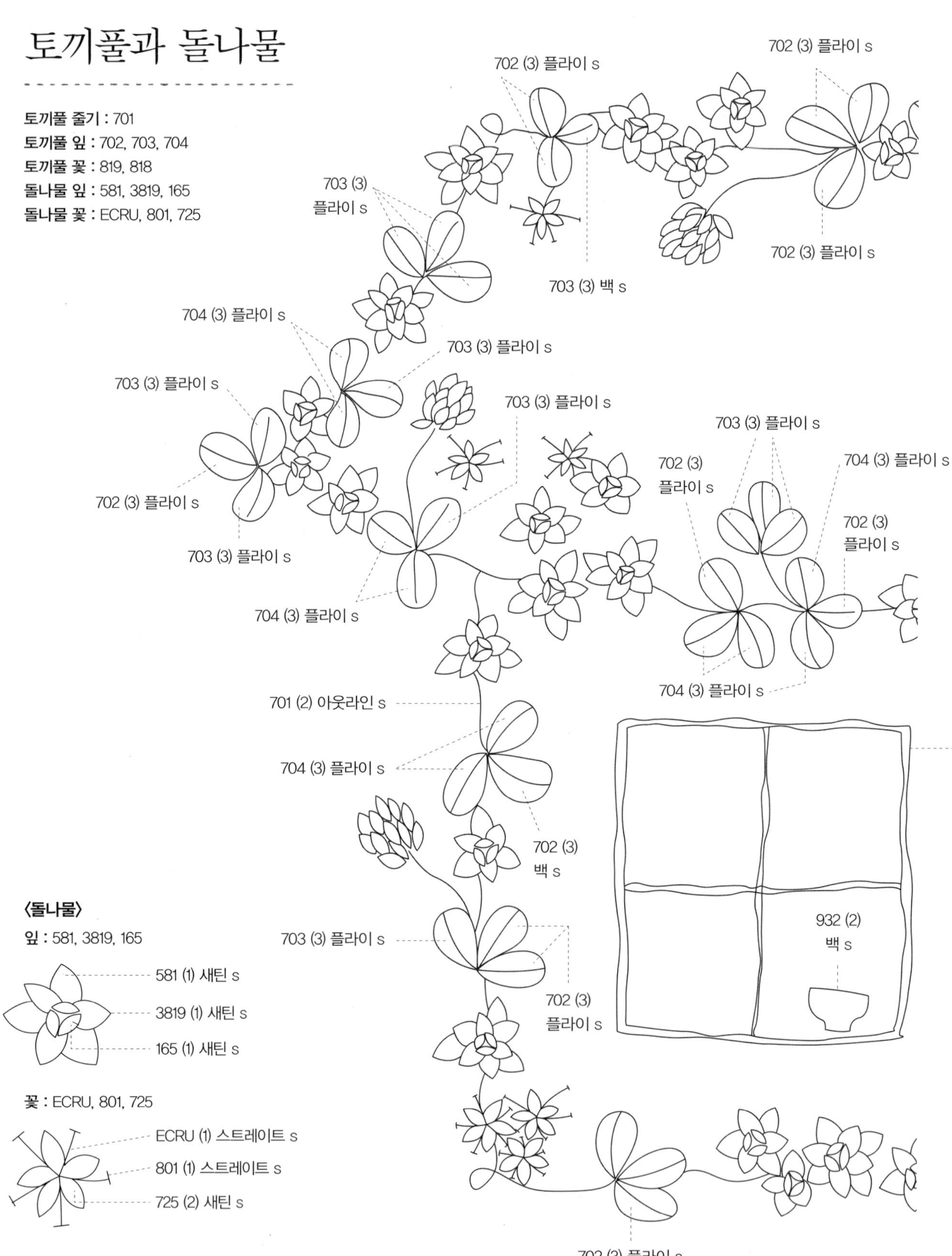

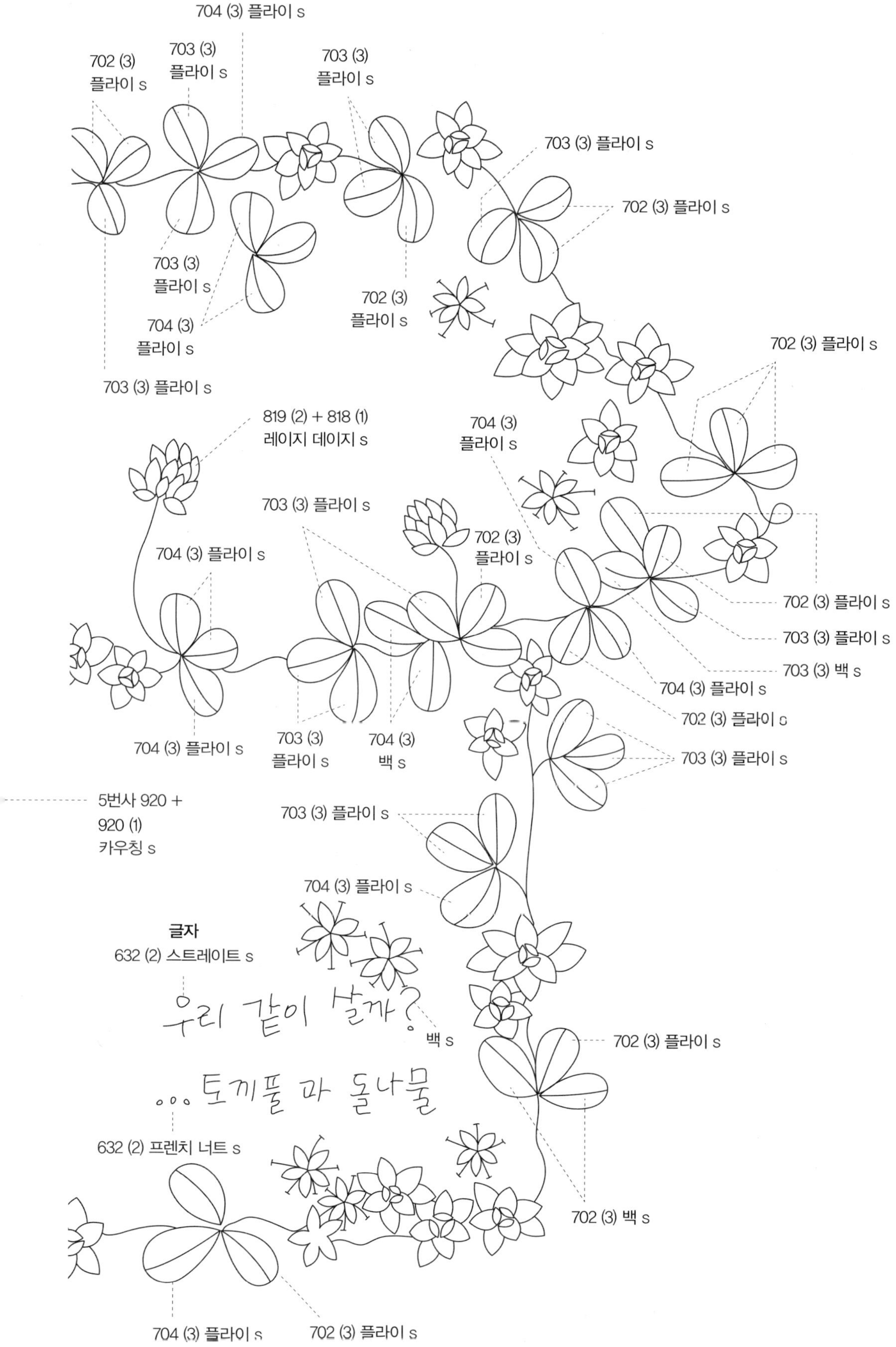

704 (3) 플라이 s

702 (3)
플라이 s

703 (3)
플라이 s

703 (3)
플라이 s

703 (3) 플라이 s

702 (3) 플라이 s

703 (3)
플라이 s

704 (3)
플라이 s

702 (3)
플라이 s

703 (3) 플라이 s

702 (3) 플라이 s

819 (2) + 818 (1)
레이지 데이지 s

704 (3)
플라이 s

704 (3) 플라이 s

703 (3) 플라이 s

702 (3)
플라이 s

702 (3) 플라이 s

703 (3) 플라이 s

703 (3) 백 s

704 (3) 플라이 s

702 (3) 플라이 s

704 (3) 플라이 s

703 (3)
플라이 s

704 (3)
백 s

703 (3) 플라이 s

5번사 920 +
920 (1)
카우칭 s

703 (3) 플라이 s

704 (3) 플라이 s

글자
632 (2) 스트레이트 s

우리 같이 살까?

백 s

702 (3) 플라이 s

...토끼풀 과 돌나물

632 (2) 프렌치 너트 s

702 (3) 백 s

704 (3) 플라이 s

702 (3) 플라이 s

토끼풀 꽃반지

꽃 : 712
잎 : 469, 472, 730, 300
반지 : 3347

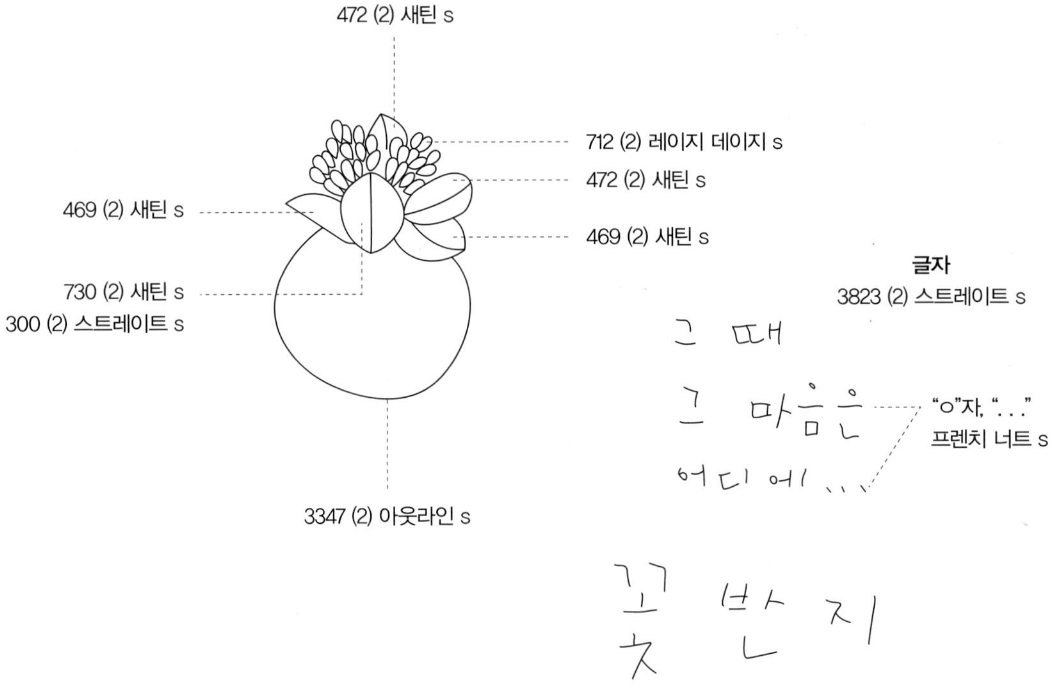

꽃 팔찌

줄기 : 3851
잎 : 966, 3850
꽃 : 819, 3326, 351, BLANC
테두리 : 5번사 552
팔찌 끈 : 5번사 552, 5번사 754, 5번사 3688

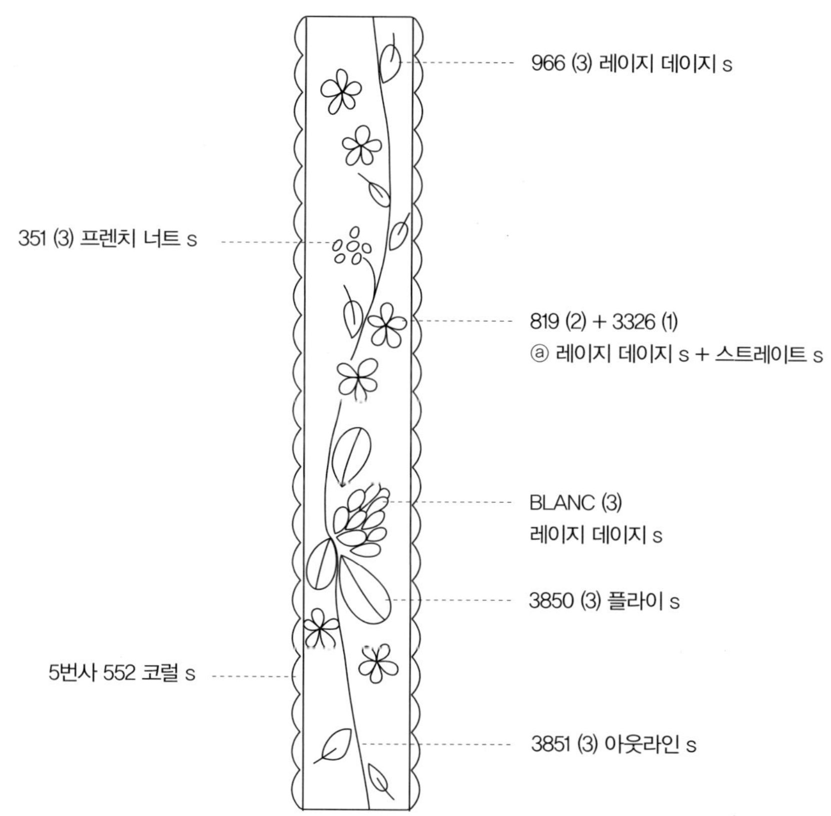

꽃 수 놓지 마라 1

태권브이 : 317, 415, 310, 321, 779, 841, BLANC, 725, 311, 775
우주선 : 304, 327, 209, 311, 725, 922

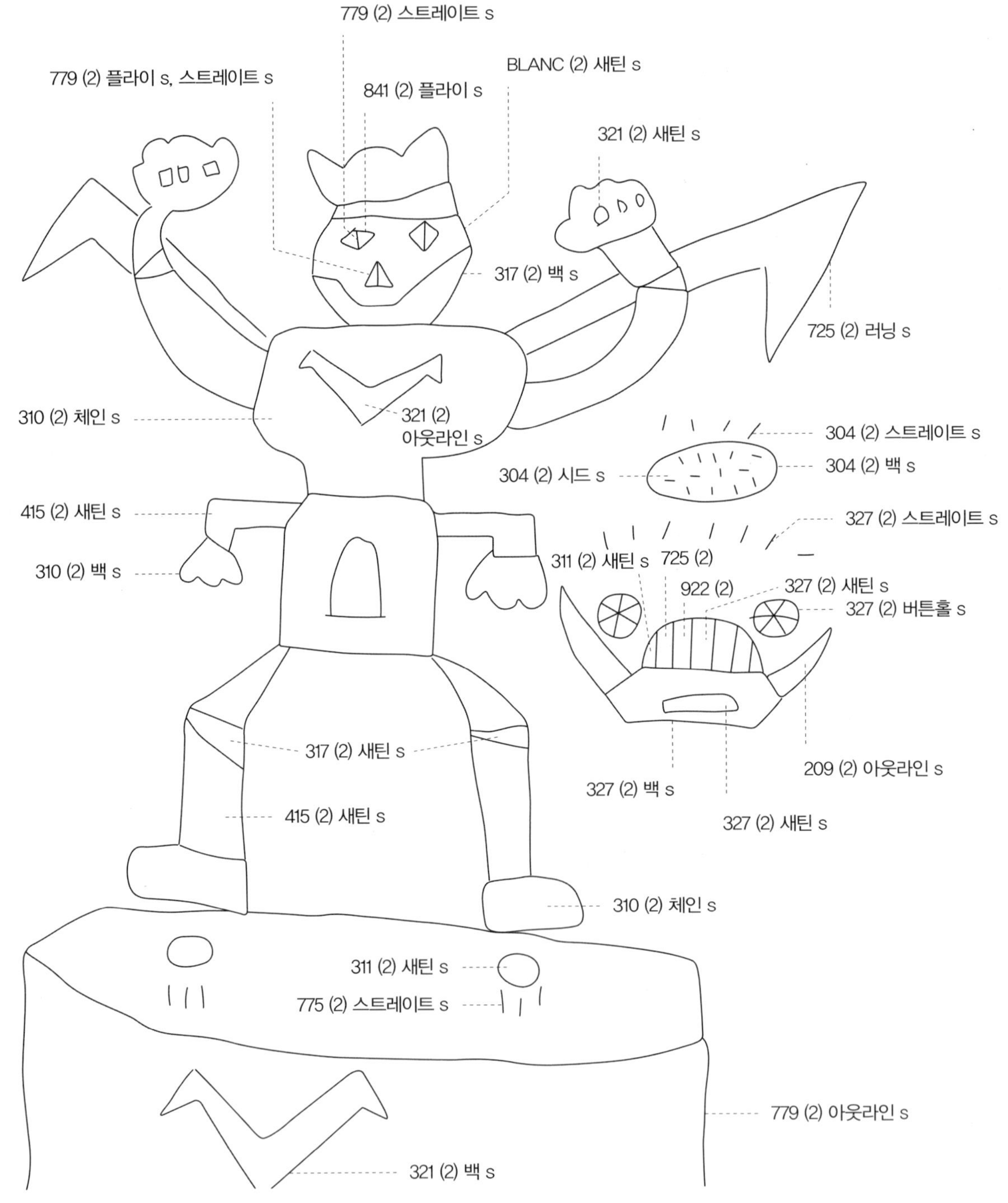

꽃 수 놓지 마라 2

종합장 : 939, 312, 3343, 311, 347, 725, 775, 5번사 311
연필 : 939, 437, 938, 434
지우개 : 939, 415, 311

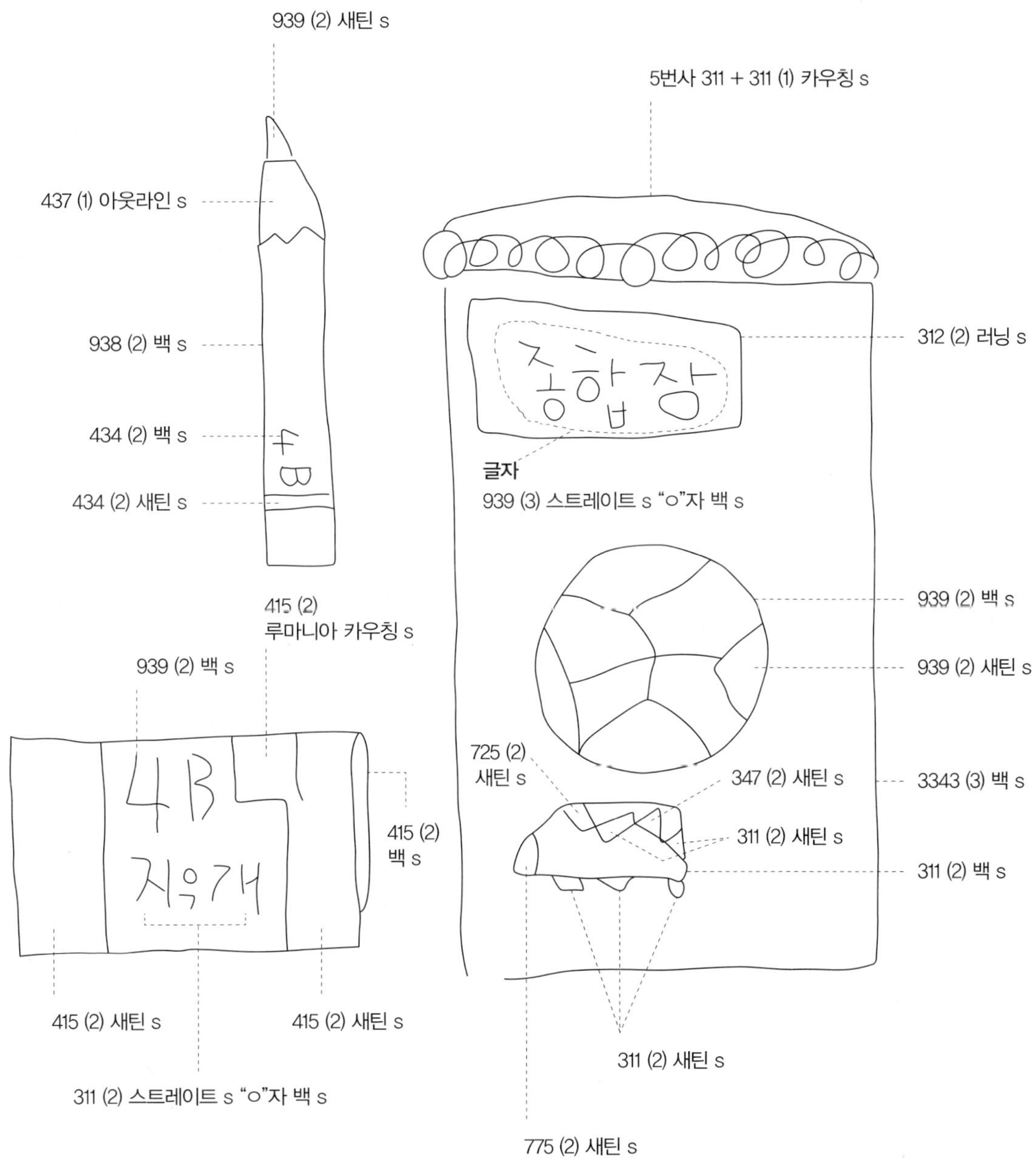

꽃 수 놓지 마라 3

로켓 : 322, 327, 452, 823, 919, 3841, 5번사 327
비행정 : 312, 321, 327, 725, 823, 910, 022, 939, 3756, 3841
우주선 : 304, 311, 317, 321, 322, 327, 823, 922, 939, 3841
구름 : 311

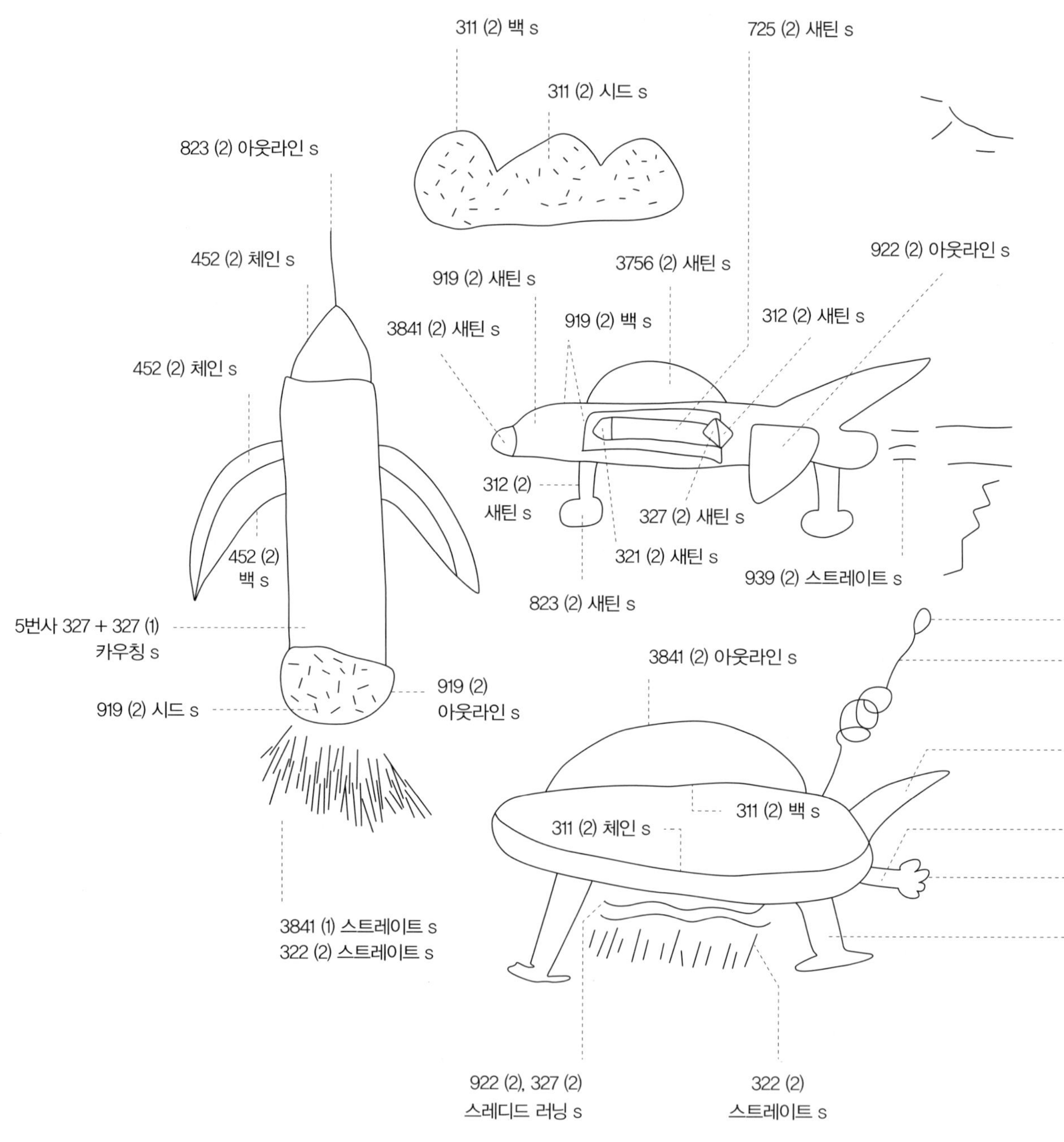

꽃 수 놓지 마라 4

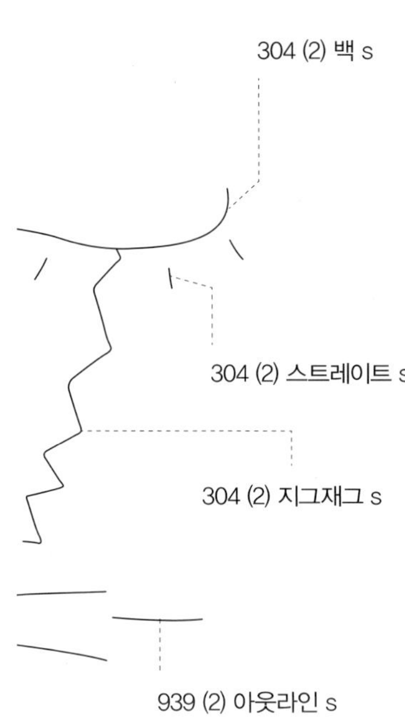

304 (2) 백 s

304 (2) 스트레이트 s

304 (2) 지그재그 s

939 (2) 아웃라인 s

321 (2) 새틴 s

823 (1) 백 s

922 (2) 새틴 s

939 (2) 새틴 s

318 (2) 새틴 s

317 (2) 스트레이트 s

자동차 : 312, 318, 321, 327, 414, 775, 823, 939

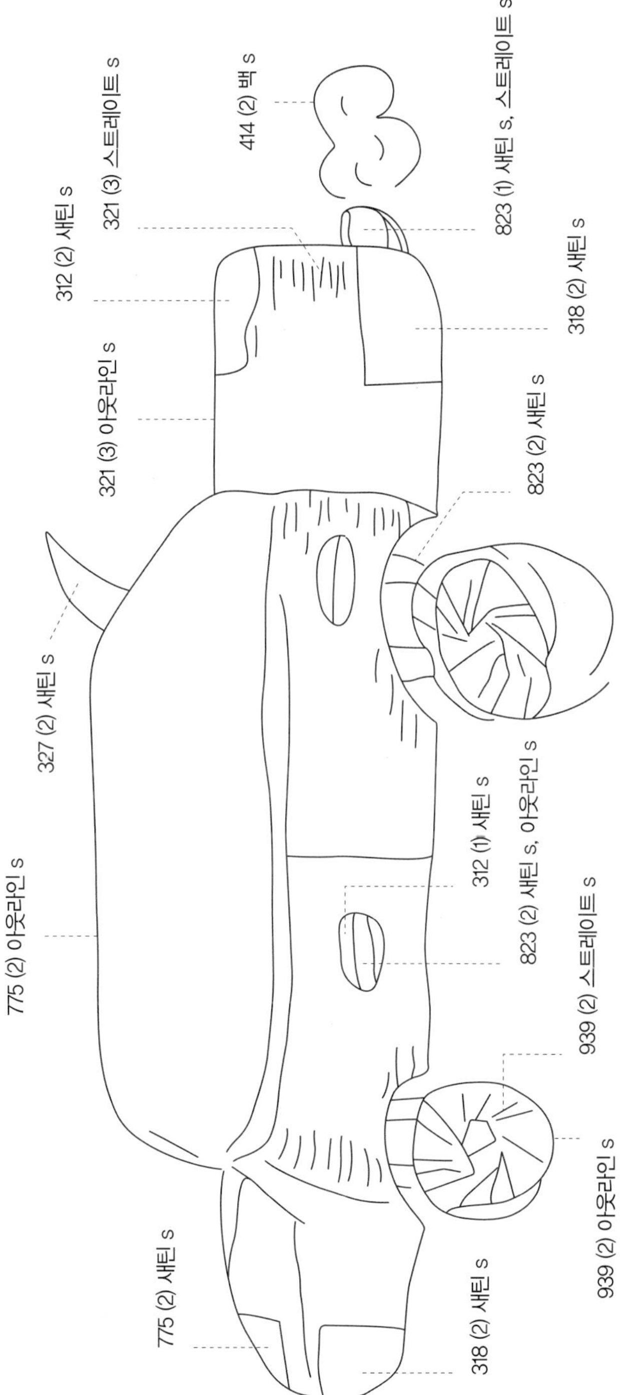

어머니와 이태리타월

간판 : 168, 169, 310, 321, 632
이태리타월 : 310, 350, 701
글자 : 168, 3799

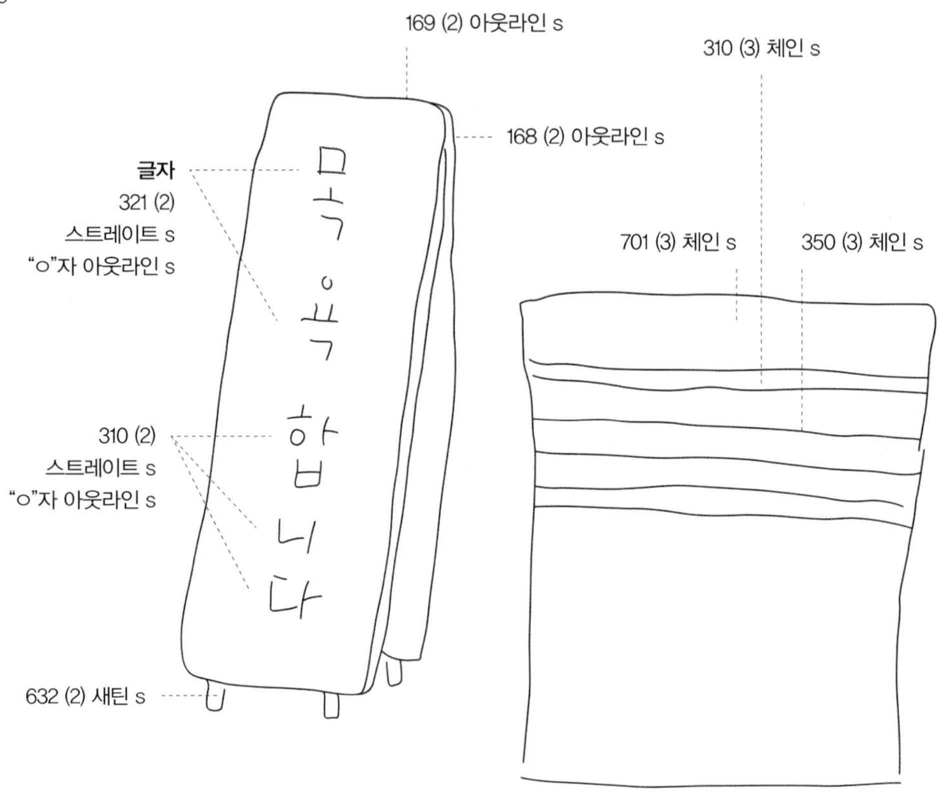

3799 (3) ⸺⸺ 어머니 와   이태리타올ㄹ

168 (2) ⸺⸺ 아 파 요 . . .

글자
스트레이트 s, "ㅇ"자 새틴 s, "…" 프렌치 너트 s

에코 가방

316, 838, 3866

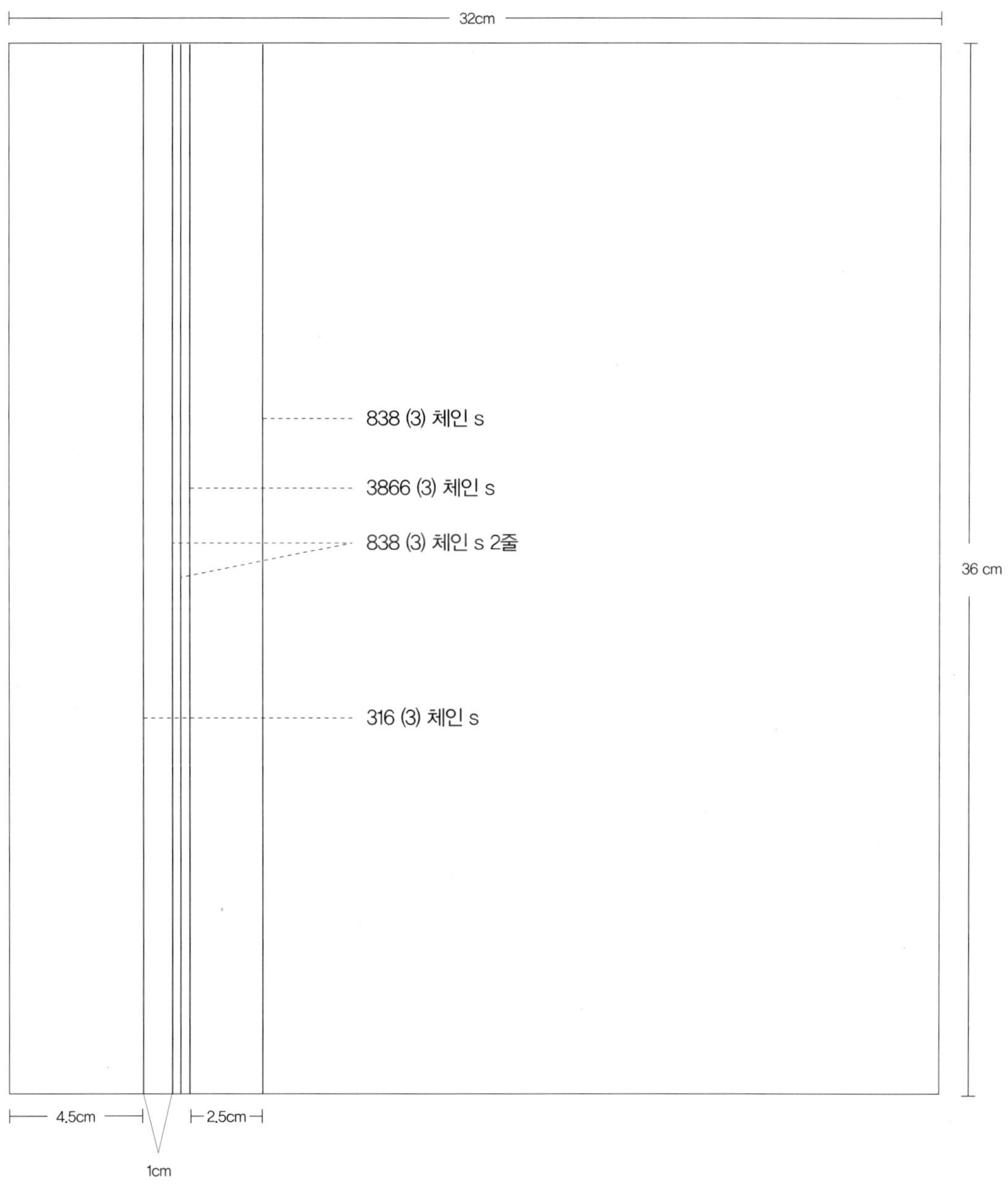

여보 올거야 봄!

줄기 : 632, 801, 839, 840, 841, 842, 3772, 3790, 리넨 L 648, 리넨 L 3790
잎 : 632, 801, 839, 3772
눈 : 762
집 : 162, 434, 435, 437, 4140
글자 : 164, 912

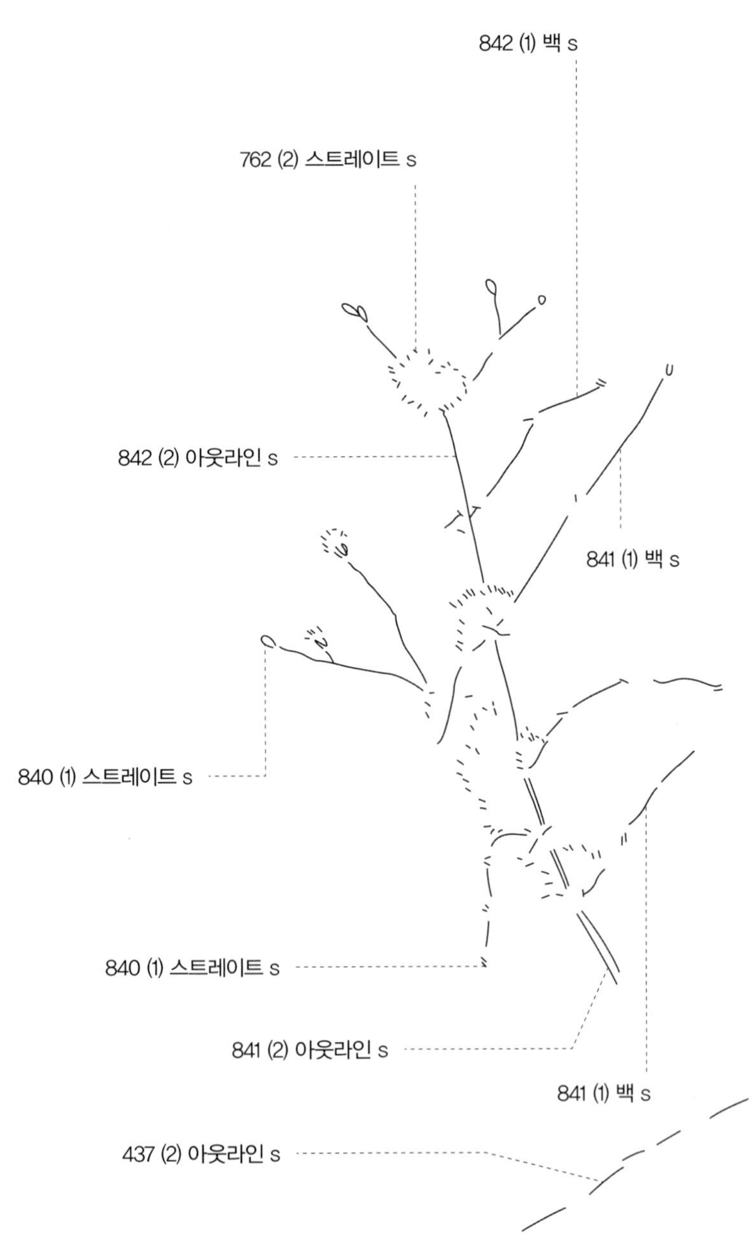

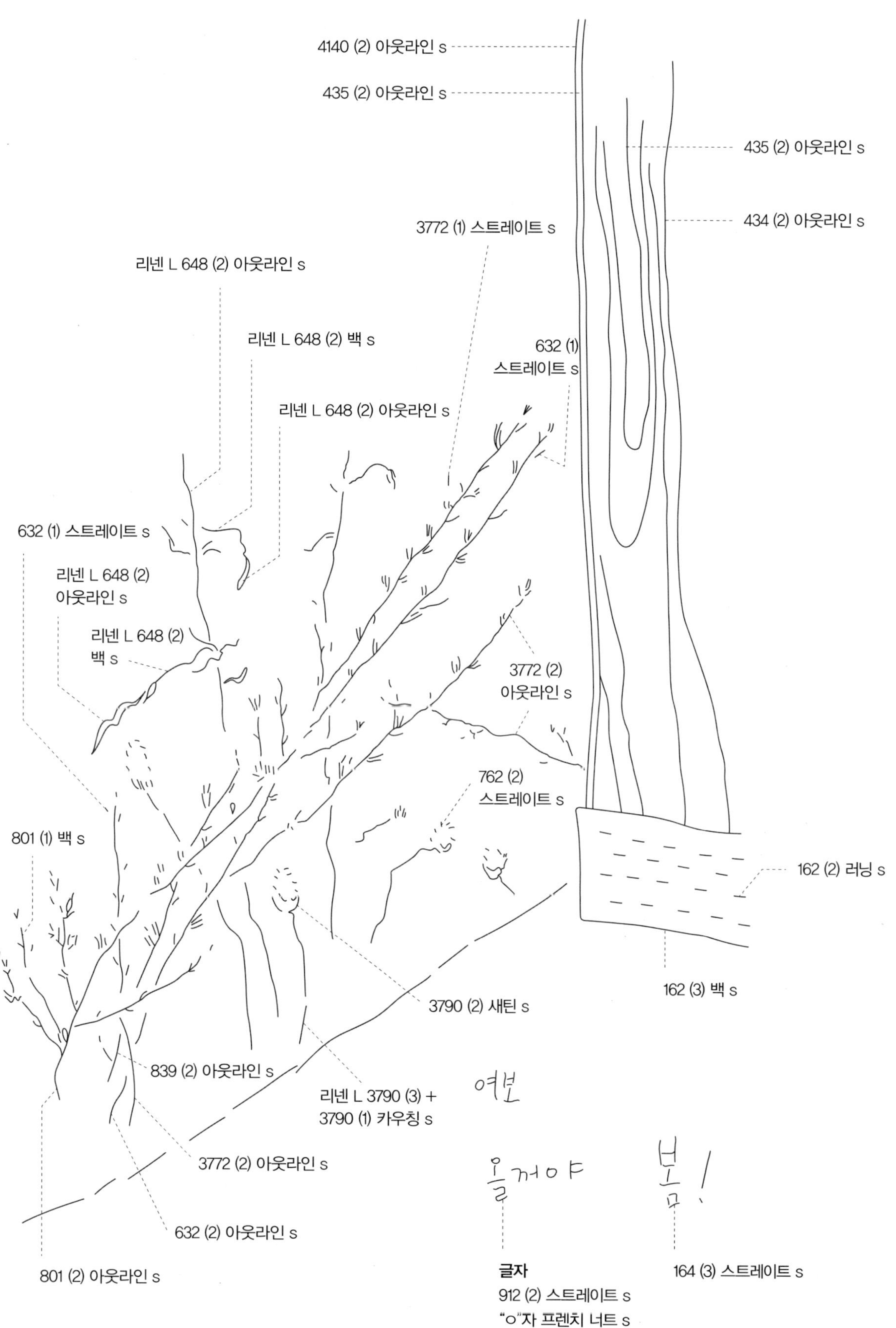

4140 (2) 아웃라인 s
435 (2) 아웃라인 s
435 (2) 아웃라인 s
434 (2) 아웃라인 s
3772 (1) 스트레이트 s
리넨 L 648 (2) 아웃라인 s
리넨 L 648 (2) 백 s
리넨 L 648 (2) 아웃라인 s
632 (1) 스트레이트 s
632 (1) 스트레이트 s
리넨 L 648 (2) 아웃라인 s
리넨 L 648 (2) 백 s
3772 (2) 아웃라인 s
762 (2) 스트레이트 s
801 (1) 백 s
162 (2) 러닝 s
162 (3) 백 s
3790 (2) 새틴 s
839 (2) 아웃라인 s
리넨 L 3790 (3) + 3790 (1) 카우칭 s
여봐
을거야
봄!
3772 (2) 아웃라인 s
632 (2) 아웃라인 s
801 (2) 아웃라인 s
글자
912 (2) 스트레이트 s
"ㅇ"자 프렌치 너트 s
164 (3) 스트레이트 s

읍내에 가면

실제 크기의 80%로 축소된 도안입니다.
125%로 확대복사하세요.

158, 169, 300, 310, 318, 367, 368, 369, 402, 434, 435, 600, 699, 743, 775, 780, 900, 910, 912, 917, 938, 973, 975, 3760, 3761, 3776, 3799, 3801, 3802, 3826, 3842, 3865, 5번사 300

⋯→ 도안 안에 글자는 스트레이트 스티치로, "ㅇ" 자는 백 스티치로 합니다.

SKETCH

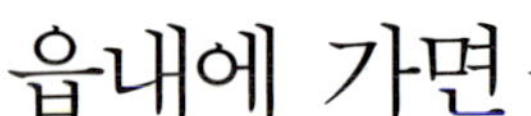

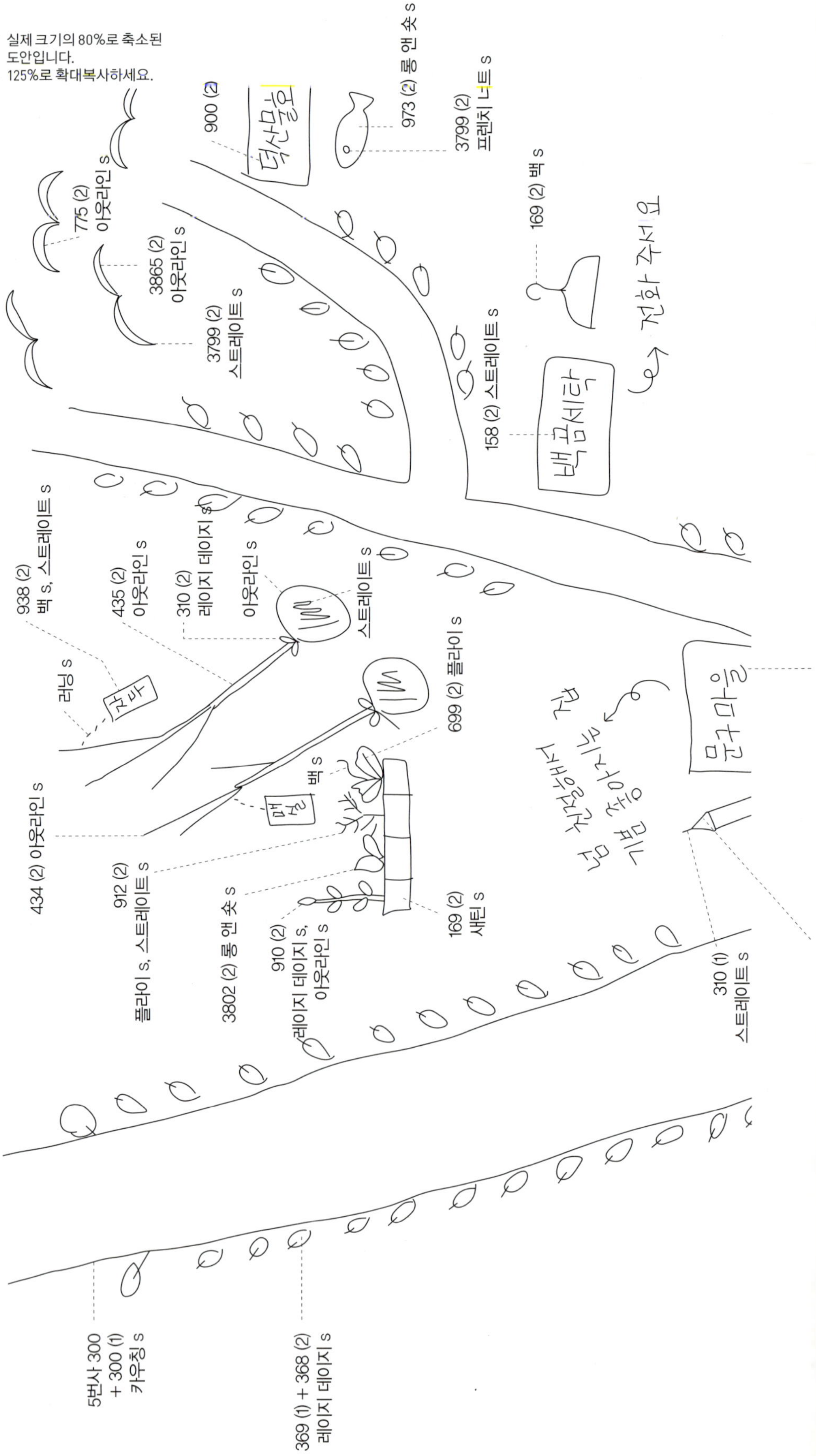

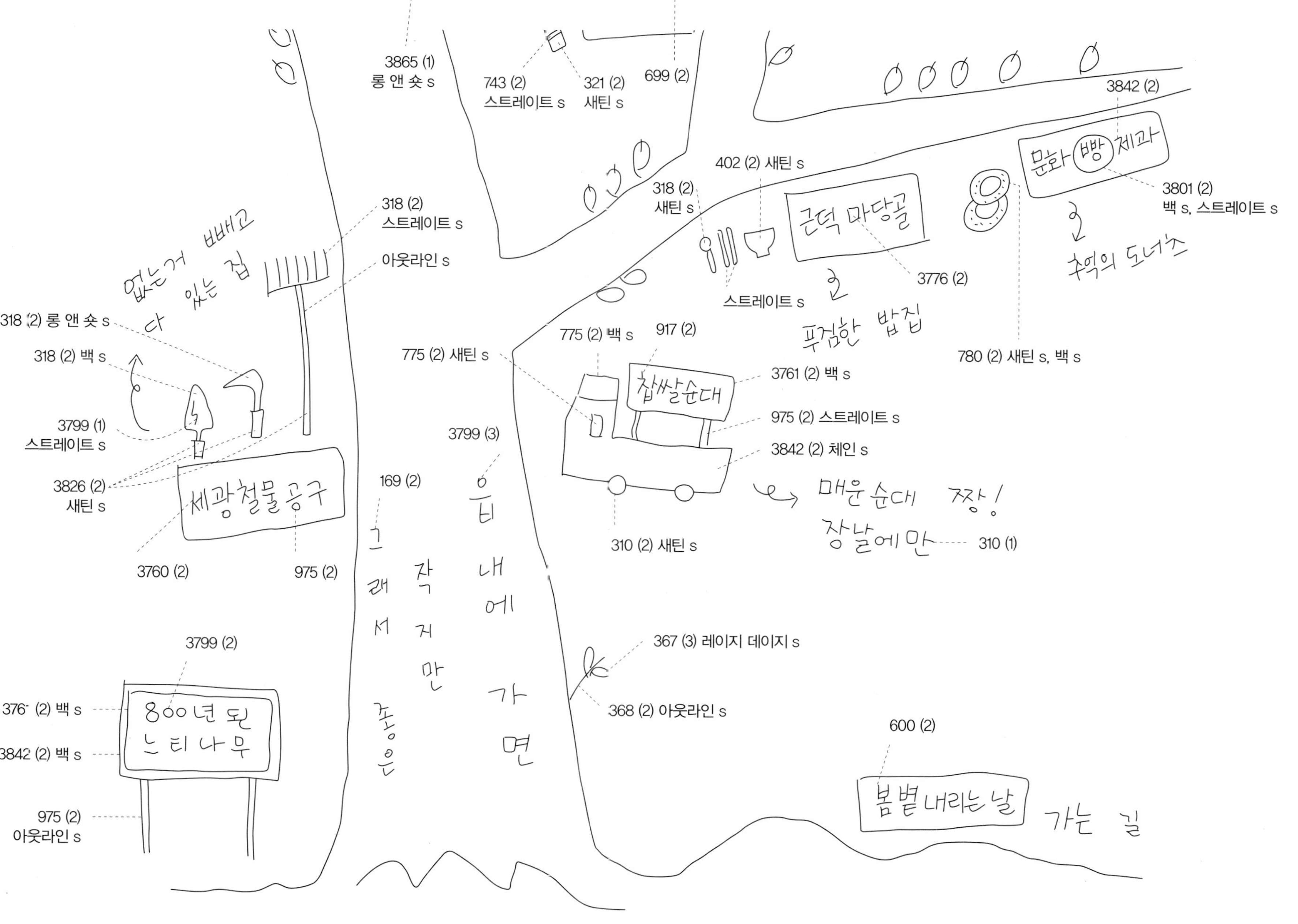

3865 (1)
롱 앤 숏 s
743 (2)
스트레이트 s
321 (2)
새틴 s
699 (2)
3842 (2)
402 (2) 새틴 s
318 (2)
새틴 s
문화 빵 제과
3801 (2)
백 s, 스트레이트 s
근덕 마당골
3776 (2)
추억의 도너츠
스트레이트 s
포검한 밥집
780 (2) 새틴 s, 백 s
318 (2)
스트레이트 s
아웃라인 s
775 (2) 백 s
917 (2)
참쌀순대
3761 (2) 백 s
975 (2) 스트레이트 s
3842 (2) 체인 s
없는거 빼고 있는 집
다
318 (2) 롱 앤 숏 s
318 (2) 백 s
3799 (1)
스트레이트 s
3826 (2)
새틴 s
세광철물공구
775 (2) 새틴 s
3799 (3)
169 (2)
310 (2) 새틴 s
매운 순대 짱!
장날에만
310 (1)
3760 (2)
975 (2)
그래서 작지만 좋은
티 내에 가면
367 (3) 레이지 데이지 s
368 (2) 아웃라인 s
3799 (2)
376 (2) 백 s
3842 (2) 백 s
800년 된
느티나무
975 (2)
아웃라인 s
600 (2)
봄볕 내리는 날
가는 길

컵받침

161, 300, 310, 318, 434, 435, 775,
780, 938, 973, 3799, 3823, 3826

글자
310 (1)
스트레이트 s,
"ㅇ"자 백 s

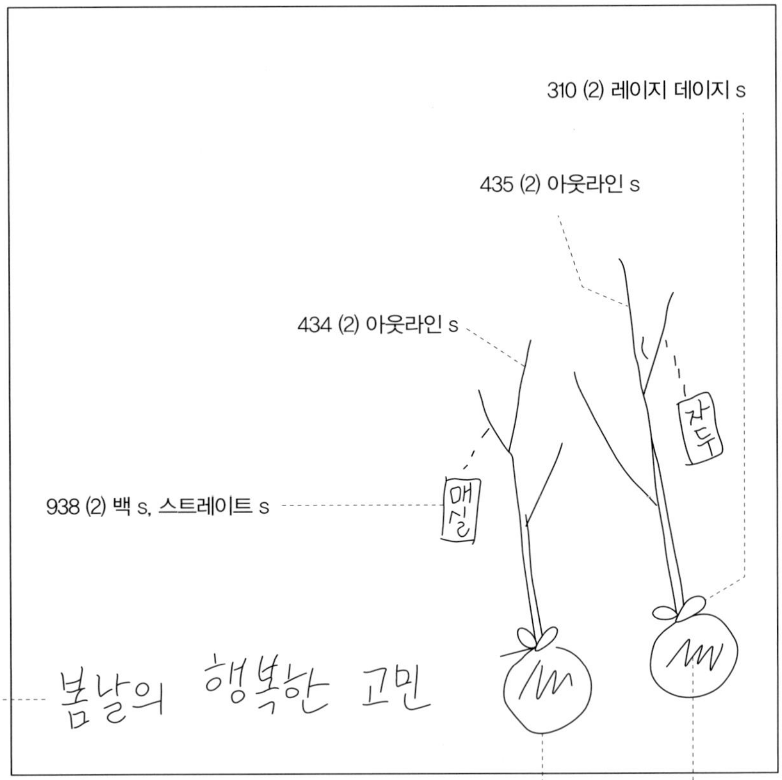

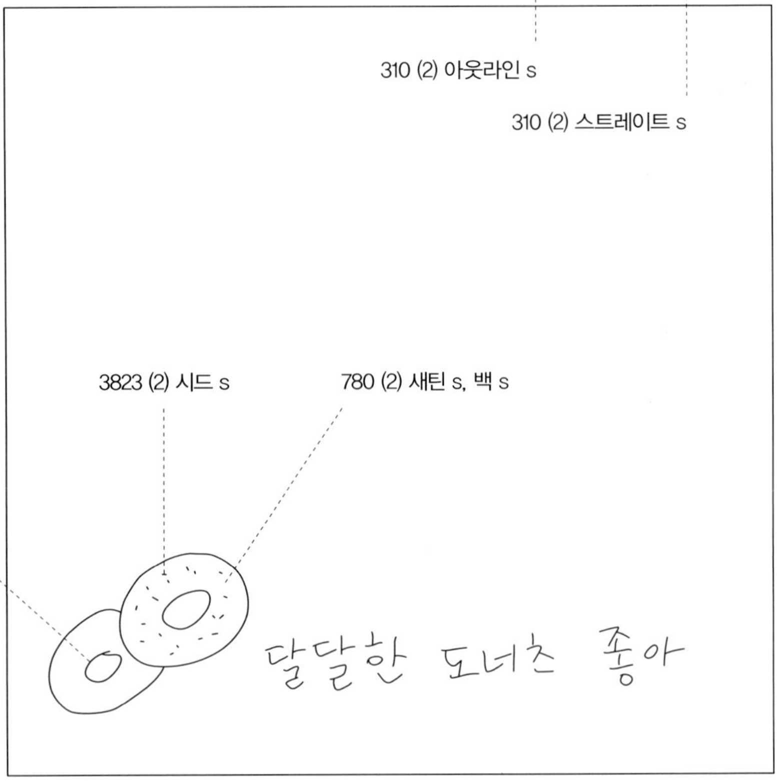

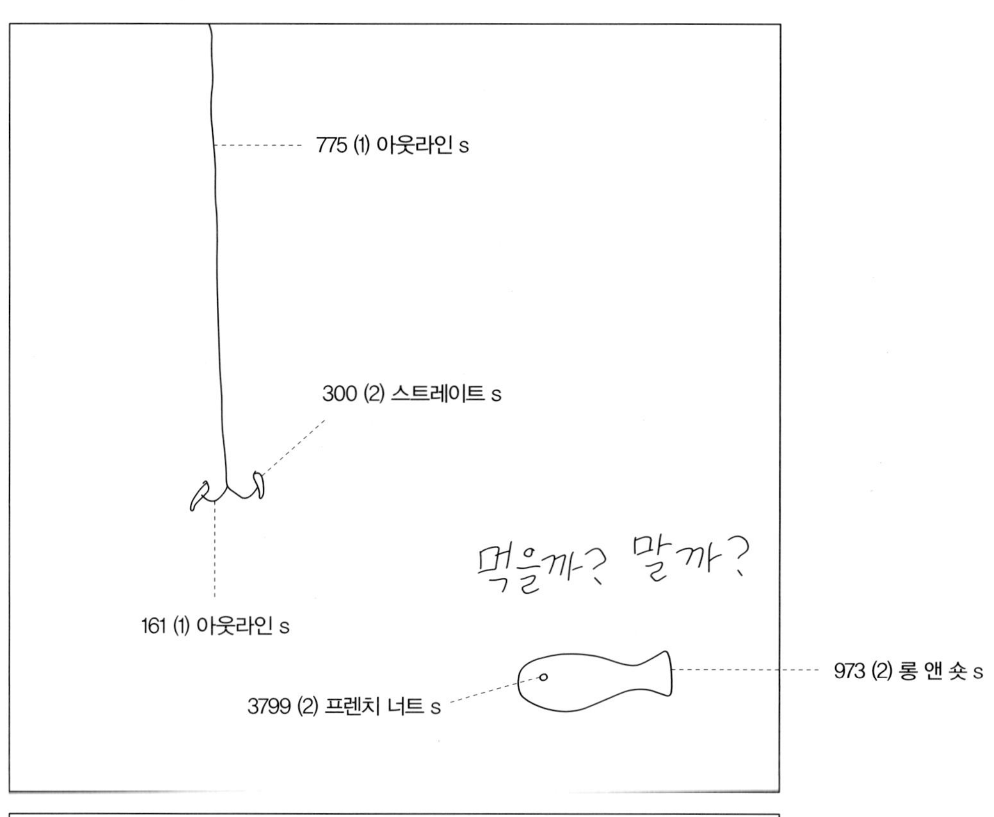

775 (1) 아웃라인 s
300 (2) 스트레이트 s
161 (1) 아웃라인 s
먹을까? 말까?
3799 (2) 프렌치 너트 s
973 (2) 롱 앤 숏 s

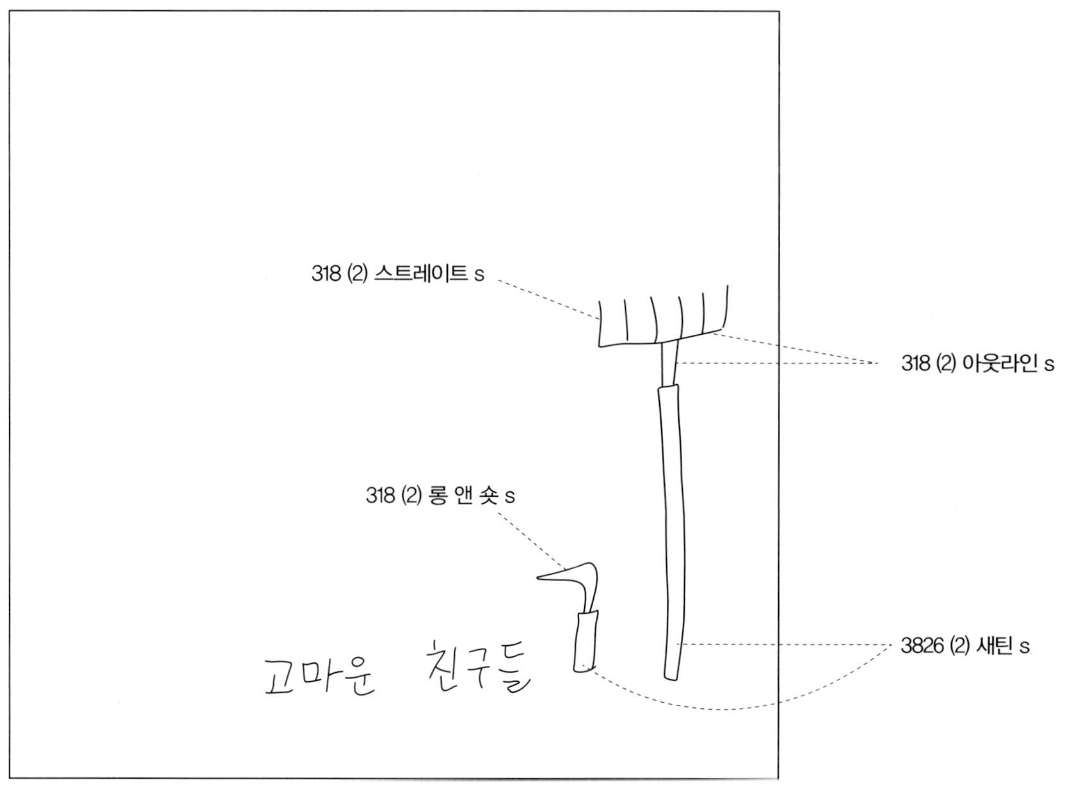

318 (2) 스트레이트 s
318 (2) 아웃라인 s
318 (2) 롱 앤 숏 s
고마운 친구들
3826 (2) 새틴 s

꽃밥

- - - - - - →

꽃잎 : 712, 725, 744, 745, 746, 972, 3853, 3854, 3855
씨앗 : 712
줄기 : 987
그릇 : 932
글자 : 3853, 3854

···→ 꽃잎은 롱 앤 숏 스티치 합니다.

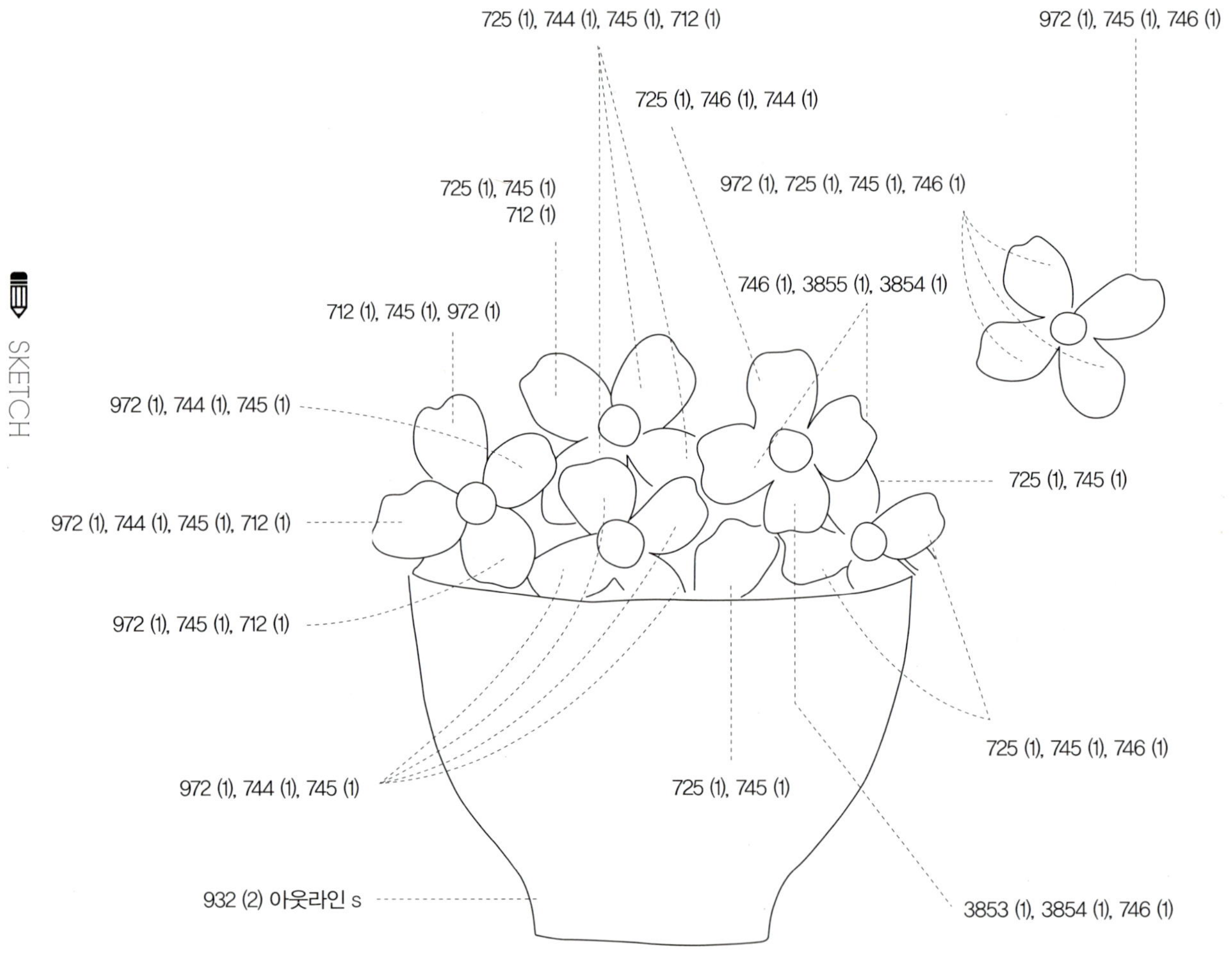

SKETCH

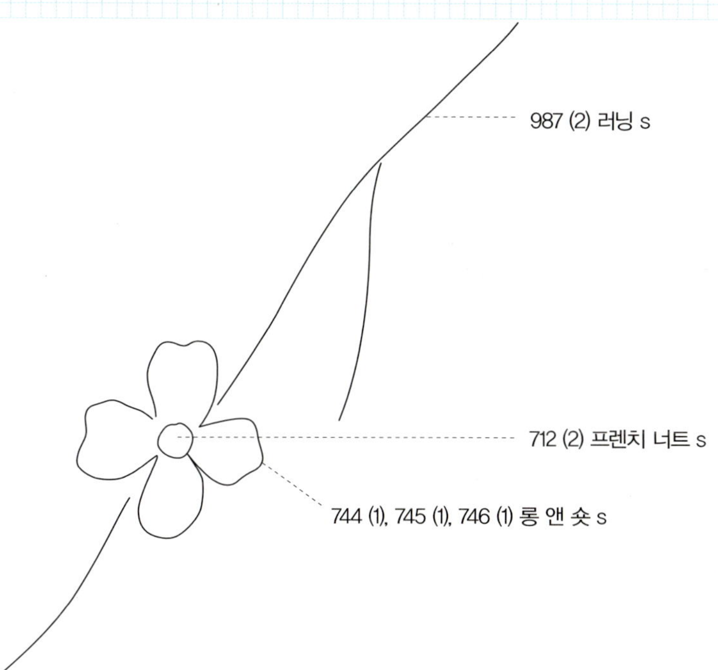

쌀독 뚜껑

301, 3371

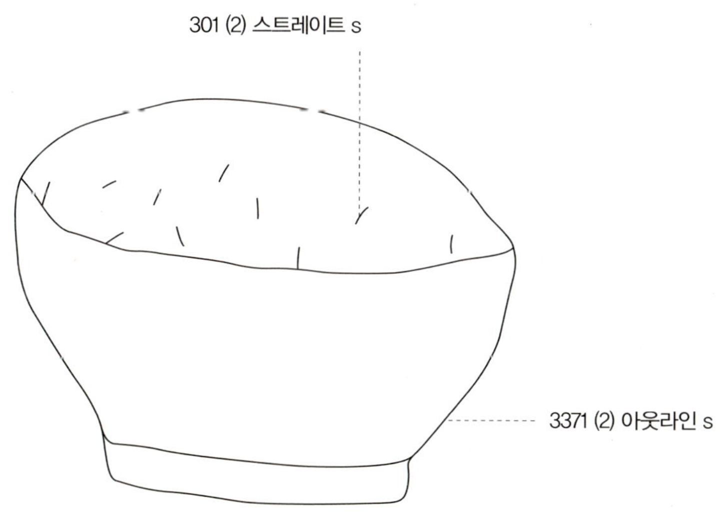

글자
스트라이트 s,
"ㅇ"자 프렌치 너트 s

꽃 밥 ----- 3854 (3)

꽃 같은 밥 ----- 3853 (2)

밥 같은 꽃

꽃잎 테두리
먼저 아웃라인 스티치를
놓아서 볼륨감을 줍니다.

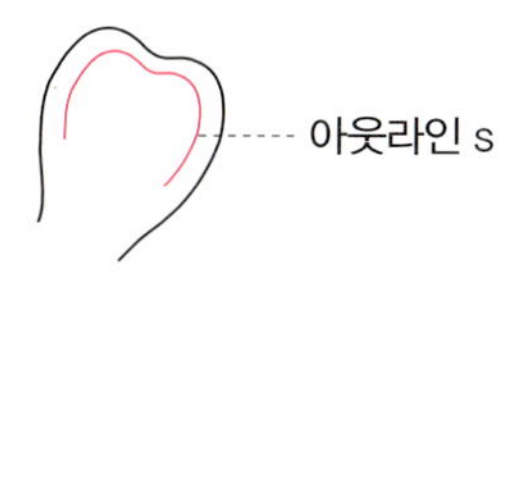

꽃비

꽃술 : 725
글자 : 471, 3685

3685 (2) ----------- 꽃비

471 (2) ----------- 마음에도 내렸으면

글자
스트레이트 s
"ㅇ"자 프렌치 너트 s

725 (2) 스트레이트 s

퀼트실 스트레이트 s

725 (2) 프렌치 너트 s

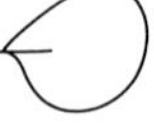

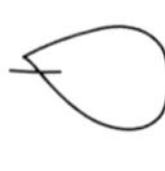

SKETCH

꽃편지 1

꽃 : 155, 156, 211, 333, 336, 340, 3746
씨앗 : 939, 3865
줄기·잎 : 163, 3813

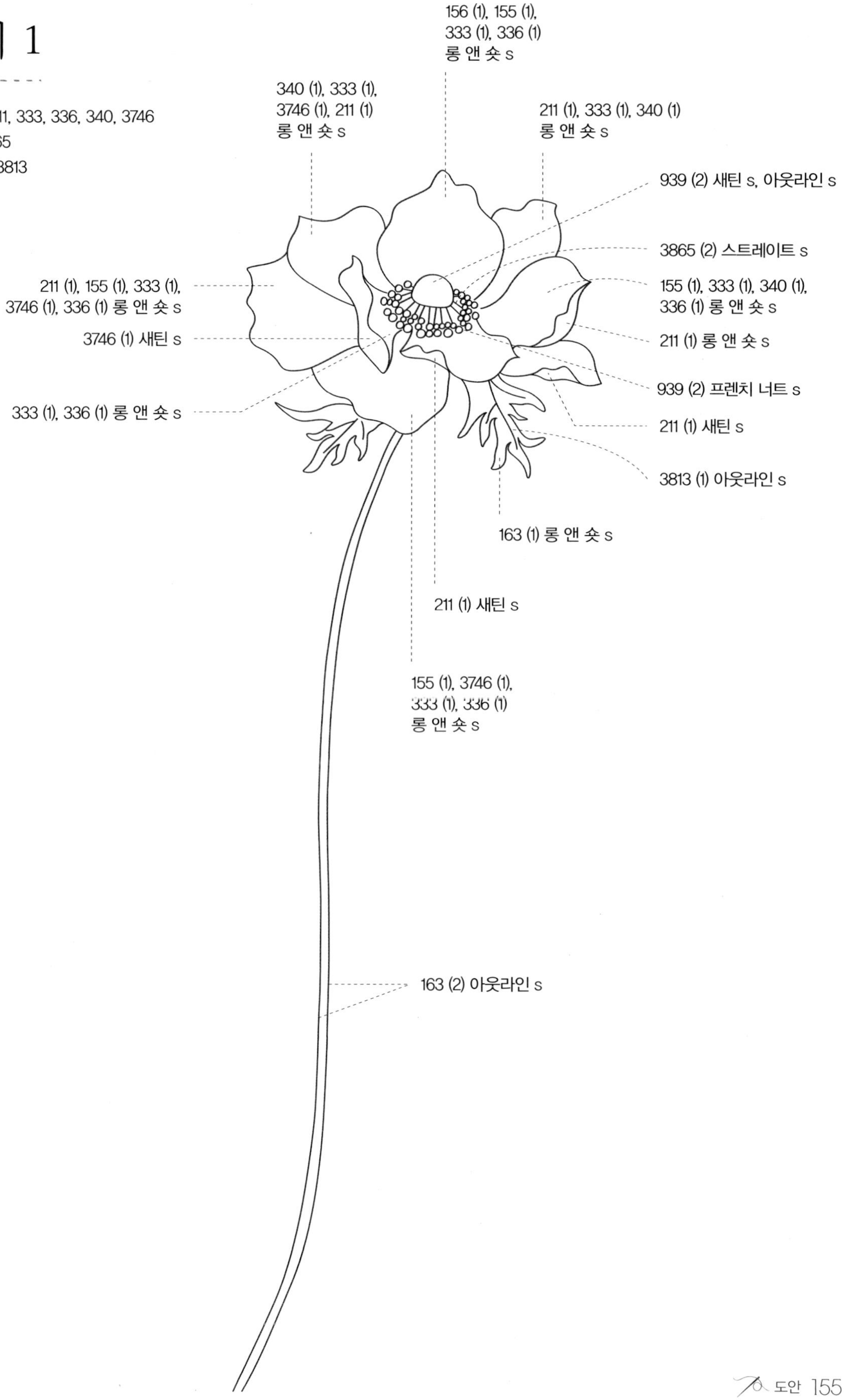

156 (1), 155 (1),
333 (1), 336 (1)
롱 앤 숏 s

340 (1), 333 (1),
3746 (1), 211 (1)
롱 앤 숏 s

211 (1), 333 (1), 340 (1)
롱 앤 숏 s

939 (2) 새틴 s, 아웃라인 s

3865 (2) 스트레이트 s

155 (1), 333 (1), 340 (1),
336 (1) 롱 앤 숏 s

211 (1) 롱 앤 숏 s

939 (2) 프렌치 너트 s

211 (1) 새틴 s

3813 (1) 아웃라인 s

211 (1), 155 (1), 333 (1),
3746 (1), 336 (1) 롱 앤 숏 s

3746 (1) 새틴 s

333 (1), 336 (1) 롱 앤 숏 s

163 (1) 롱 앤 숏 s

211 (1) 새틴 s

155 (1), 3746 (1),
333 (1), 336 (1)
롱 앤 숏 s

163 (2) 아웃라인 s

꽃편지 2

151, 162, 310, 321, 437, 445,
505, 562, 563, 564, 760,
762, 823, 3081, 3328, 3354,
3706, 3713, 3731, 3823,
3844, 3846, 3854, 3855,
3865, 4045, 4090, 4235,
ECRU, 5번사 47,
5번사 437, 리넨L 760

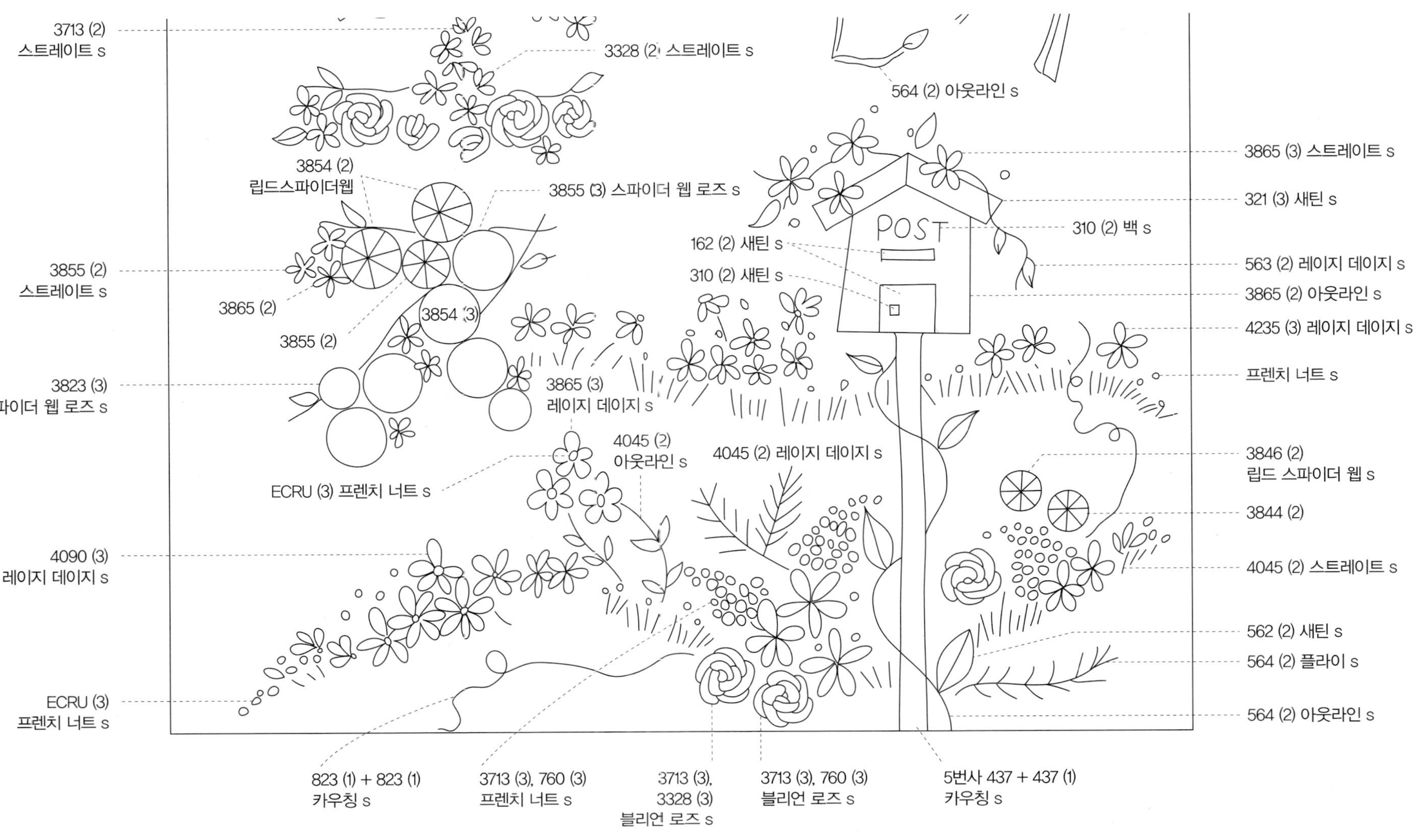

3713 (2) 스트레이트 s
3855 (2) 스트레이트 s
3823 (3) 스파이더 웹 로즈 s
4090 (3) 레이지 데이지 s
ECRU (3) 프렌치 너트 s
3328 (2) 스트레이트 s
564 (2) 아웃라인 s
3854 (2) 립드스파이더웹
3855 (3) 스파이더 웹 로즈 s
3865 (2)
3855 (2)
3854 (3)
162 (2) 새틴 s
310 (2) 새틴 s
3865 (3) 레이지 데이지 s
4045 (2) 아웃라인 s
4045 (2) 레이지 데이지 s
ECRU (3) 프렌치 너트 s
POST
3865 (3) 스트레이트 s
321 (3) 새틴 s
310 (2) 백 s
563 (2) 레이지 데이지 s
3865 (2) 아웃라인 s
4235 (3) 레이지 데이지 s
프렌치 너트 s
3846 (2) 립드 스파이더 웹 s
3844 (2)
4045 (2) 스트레이트 s
562 (2) 새틴 s
564 (2) 플라이 s
564 (2) 아웃라인 s
823 (1) + 823 (1) 카우칭 s
3713 (3), 760 (3) 프렌치 너트 s
3713 (3), 3328 (3) 블리언 로즈 s
3713 (3), 760 (3) 블리언 로즈 s
5번사 437 + 437 (1) 카우칭 s

꽃편지 3

327, 505, 562, 760, 793, 794,
800, 943, 966, 993, 3713,
3807, 3850, 3851, 3864

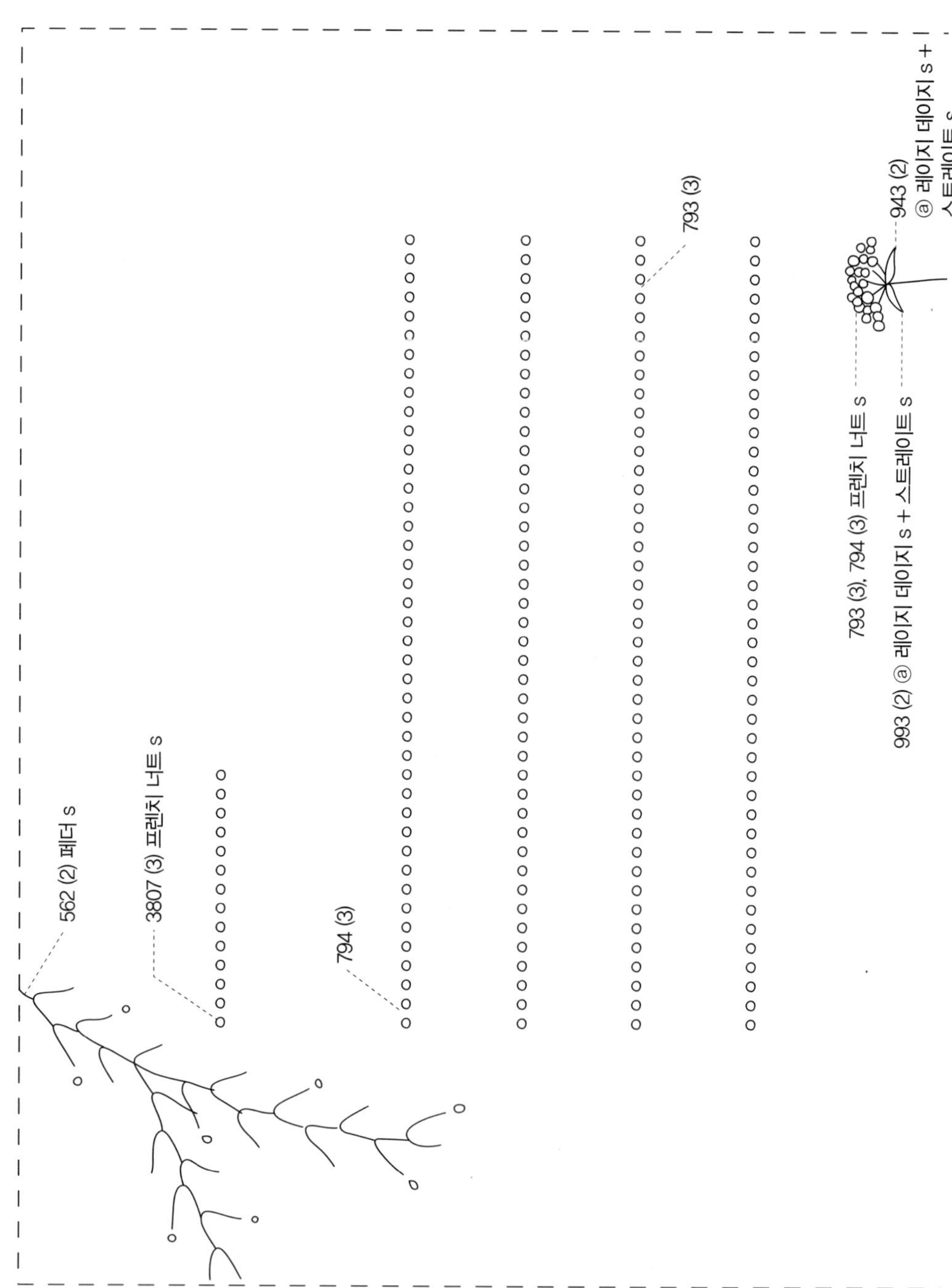

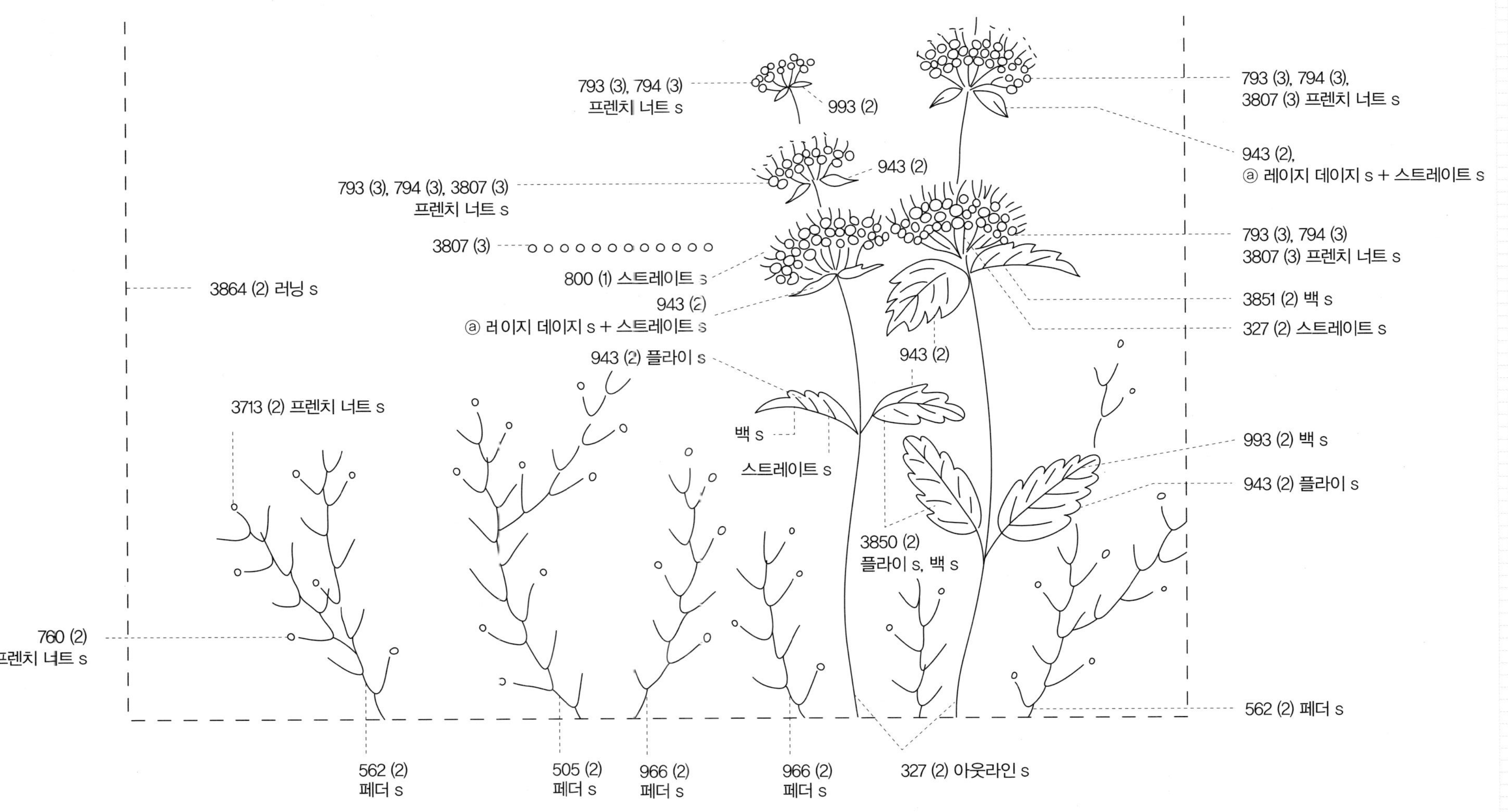

793 (3), 794 (3) 프렌치 너트 s
993 (2)
793 (3), 794 (3), 3807 (3) 프렌치 너트 s
943 (2)
793 (3), 794 (3), 3807 (3) 프렌치 너트 s
3807 (3)
800 (1) 스트레이트 s
3864 (2) 러닝 s
943 (2), ⓐ 러이지 데이지 s + 스트레이트 s
943 (2) 플라이 s
3713 (2) 프렌치 너트 s
백 s
스트레이트 s
943 (2)
3850 (2) 플라이 s, 백 s
793 (3), 794 (3), 3807 (3) 프렌치 너트 s
943 (2), ⓐ 레이지 데이지 s + 스트레이트 s
793 (3), 794 (3) 3807 (3) 프렌치 너트 s
3851 (2) 백 s
327 (2) 스트레이트 s
993 (2) 백 s
943 (2) 플라이 s
562 (2) 페더 s
760 (2) 프렌치 너트 s
562 (2) 페더 s
505 (2) 페더 s
966 (2) 페더 s
966 (2) 페더 s
327 (2) 아웃라인 s

꽃편지 4

760, 911, 912, 3713, 3818, 3827

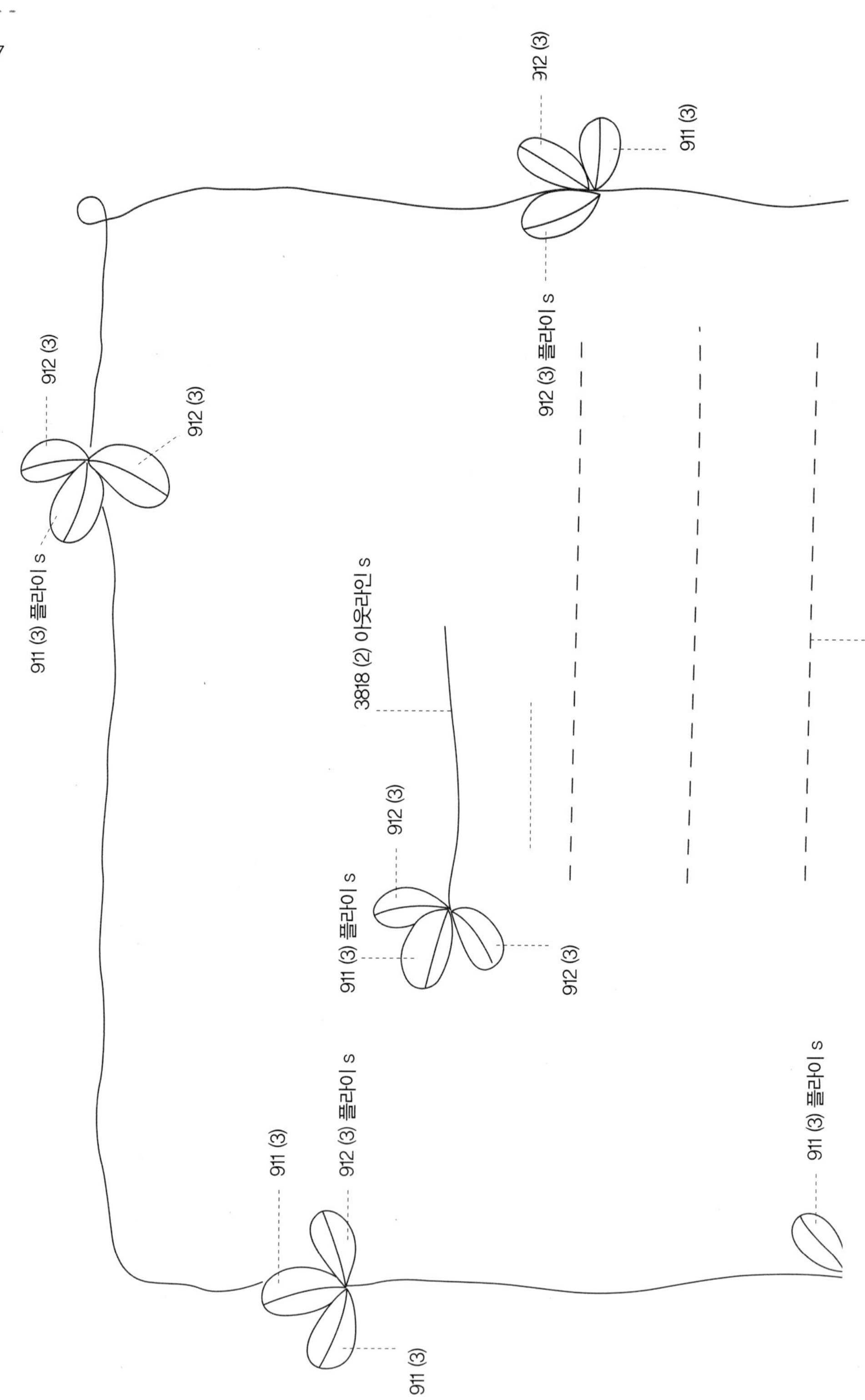

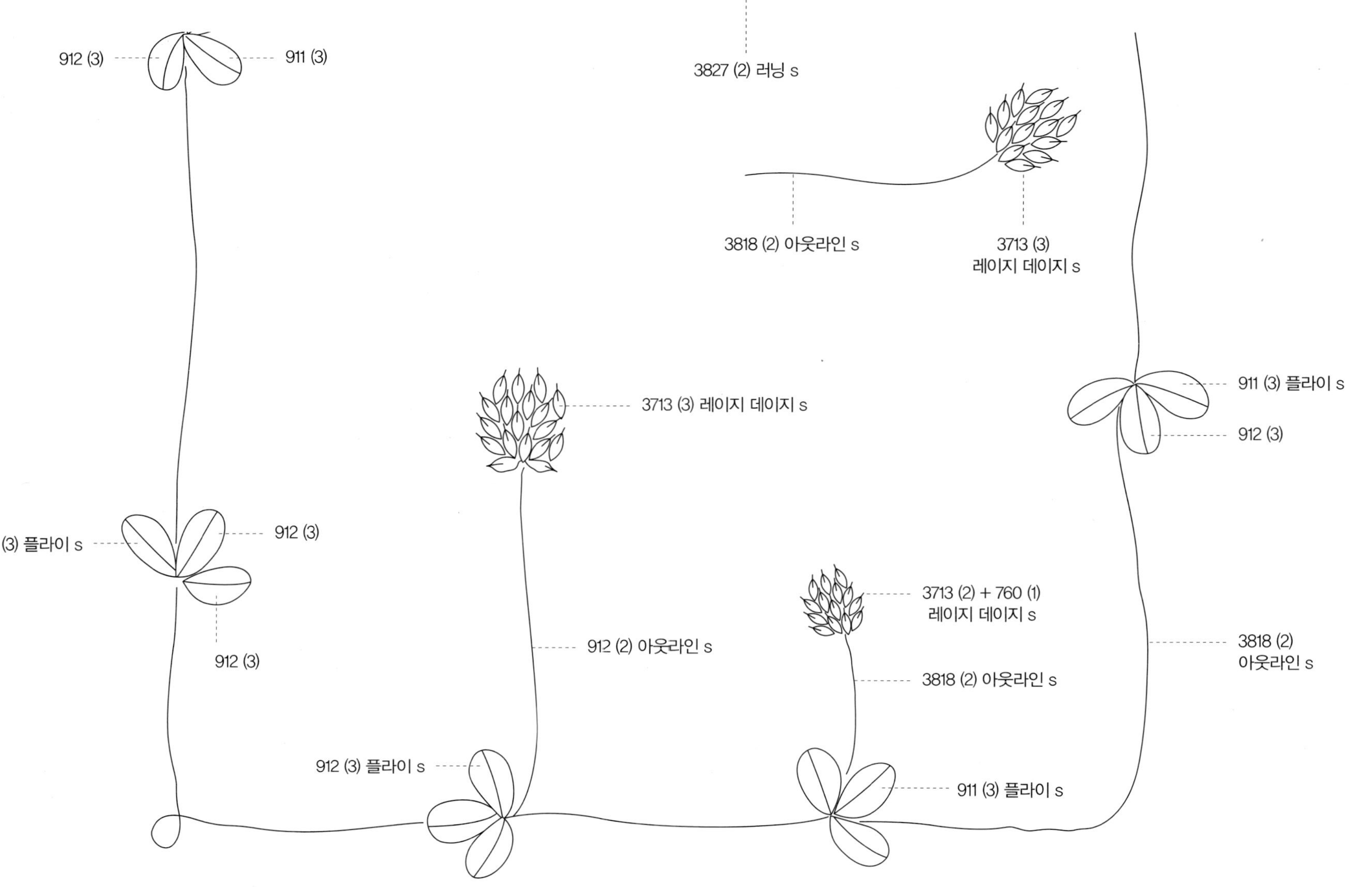

912 (3)
911 (3)
3827 (2) 러닝 s
3818 (2) 아웃라인 s
3713 (3) 레이지 데이지 s
3713 (3) 레이지 데이지 s
911 (3) 플라이 s
912 (3)
912 (3) 플라이 s
912 (3)
912 (3)
3713 (2) + 760 (1) 레이지 데이지 s
3818 (2) 아웃라인 s
912 (2) 아웃라인 s
3818 (2) 아웃라인 s
912 (3) 플라이 s
911 (3) 플라이 s

방향제 주머니

방향제 주머니 1 : 562, 725, 744, 745
방향제 주머니 2 : 523, 899, 3078, 3326
방향제 주머니 3 : 208, 327, 352, 913

방향제 주머니 1

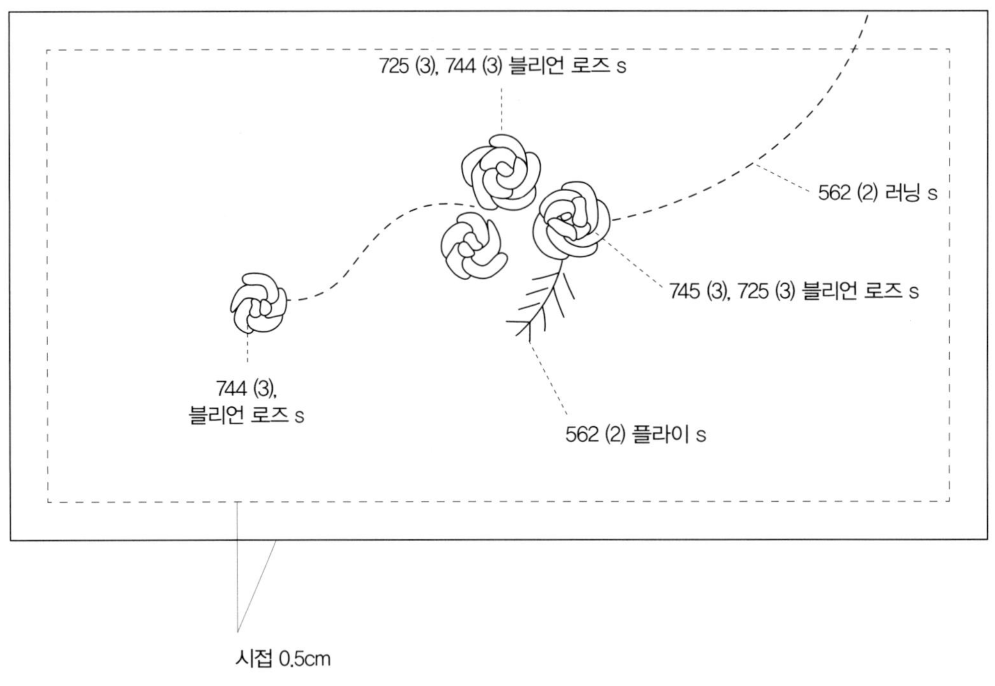

방향제 주머니 2

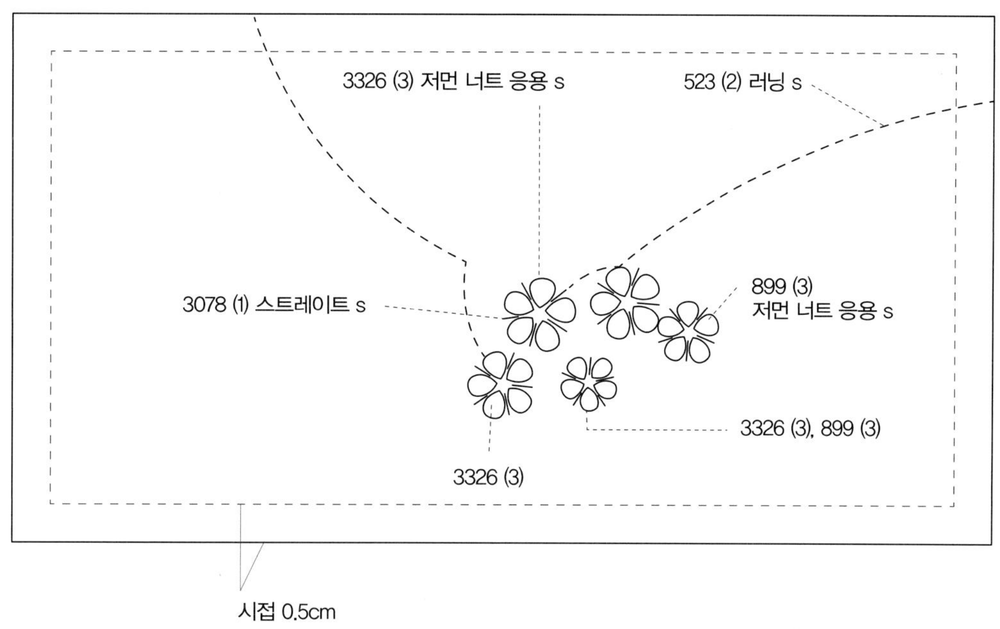

방향제 주머니 3

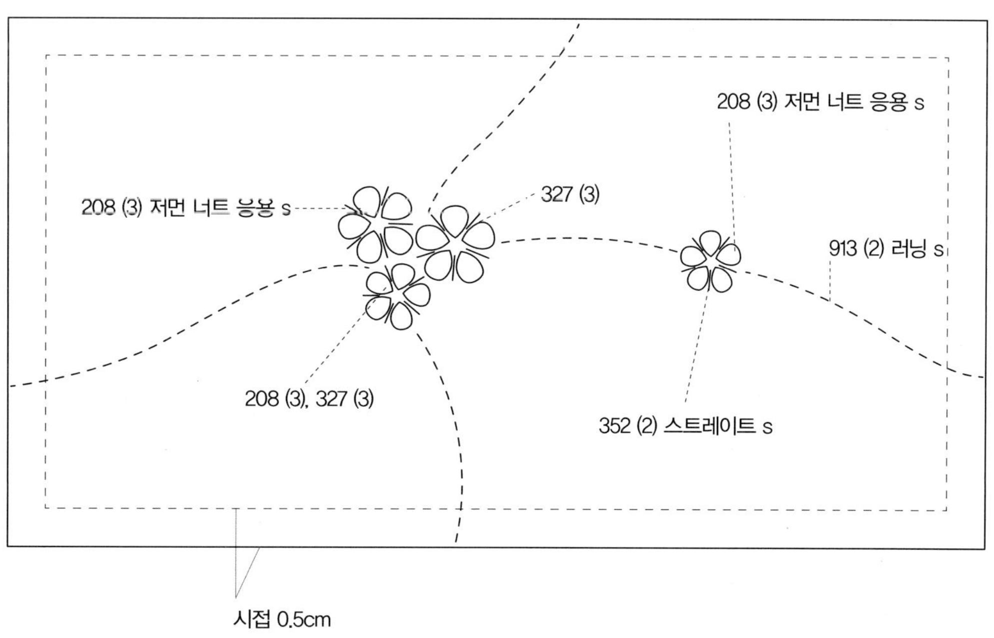

나의 흉배

사용하고 남은 실을 활용해 보세요!

·레이지 데이지 s
·스트레이트 s
·플라이 s
·스플릿 s
·새틴 s

사용되었습니다.

그 외 다른 수법도 활용하여 자유롭게 수 놓아 보세요.

·스트레이트 s
·레이지 데이지 s
·러닝 s
·저먼 너트 s

사용되었습니다.

그 외 다른 수법도 활용하여 자유롭게 수 놓아 보세요.

비스꼬뉘

- - - - - - - - - - - - - - -

꽃 : 725, ECRU, 801
잎 : 581, 3819, 165

ECRU (1) 스트레이트 s

801 (1) 스트레이트 s

725 (2) 새틴 s

581 (1) 새틴 s

3819 (1) 새틴 s

165 (1) 새틴 s

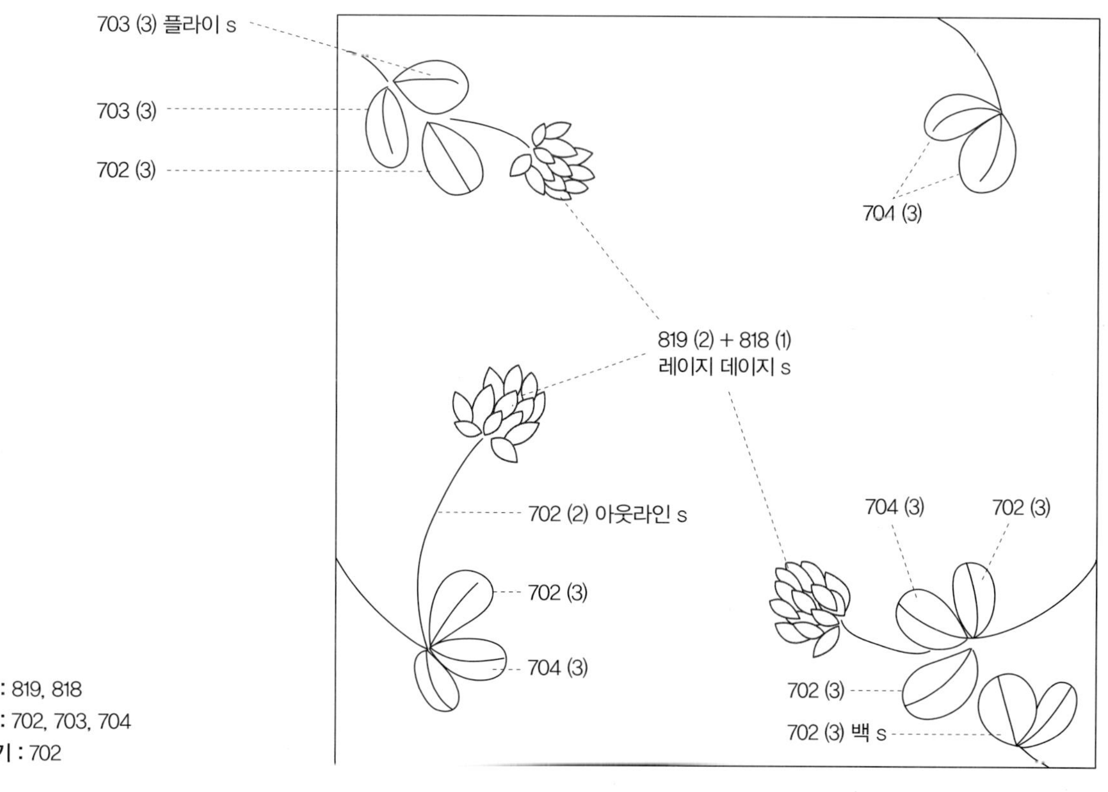

703 (3) 플라이 s

703 (3)

702 (3)

704 (3)

819 (2) + 818 (1)
레이지 데이지 s

702 (2) 아웃라인 s

702 (3)

704 (3)

704 (3)

702 (3)

702 (3)

702 (3) 백 s

꽃 : 819, 818
잎 : 702, 703, 704
줄기 : 702

닭장을 뛰쳐나온 암탉

825, 828, 900, ECRU

SKETCH

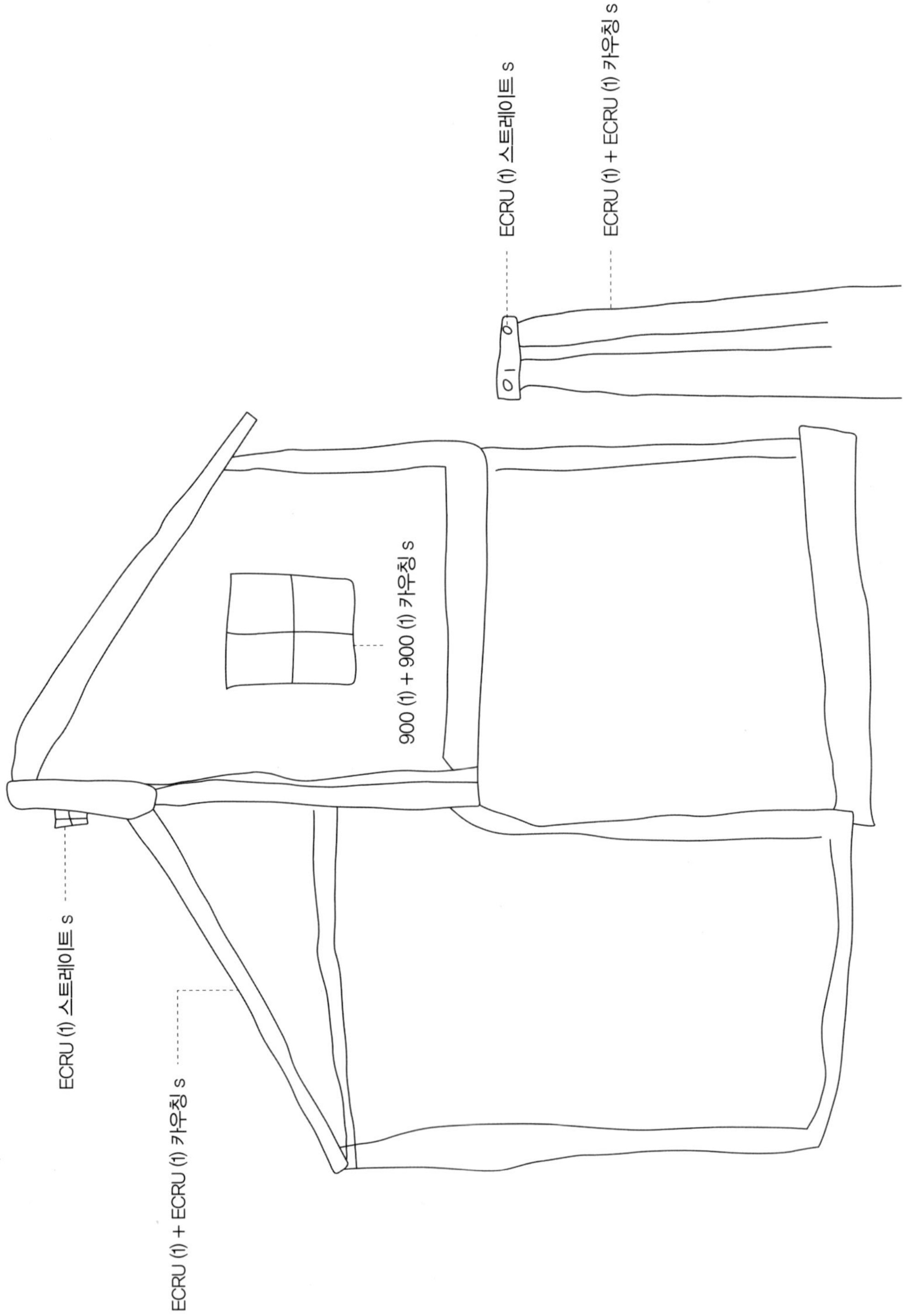

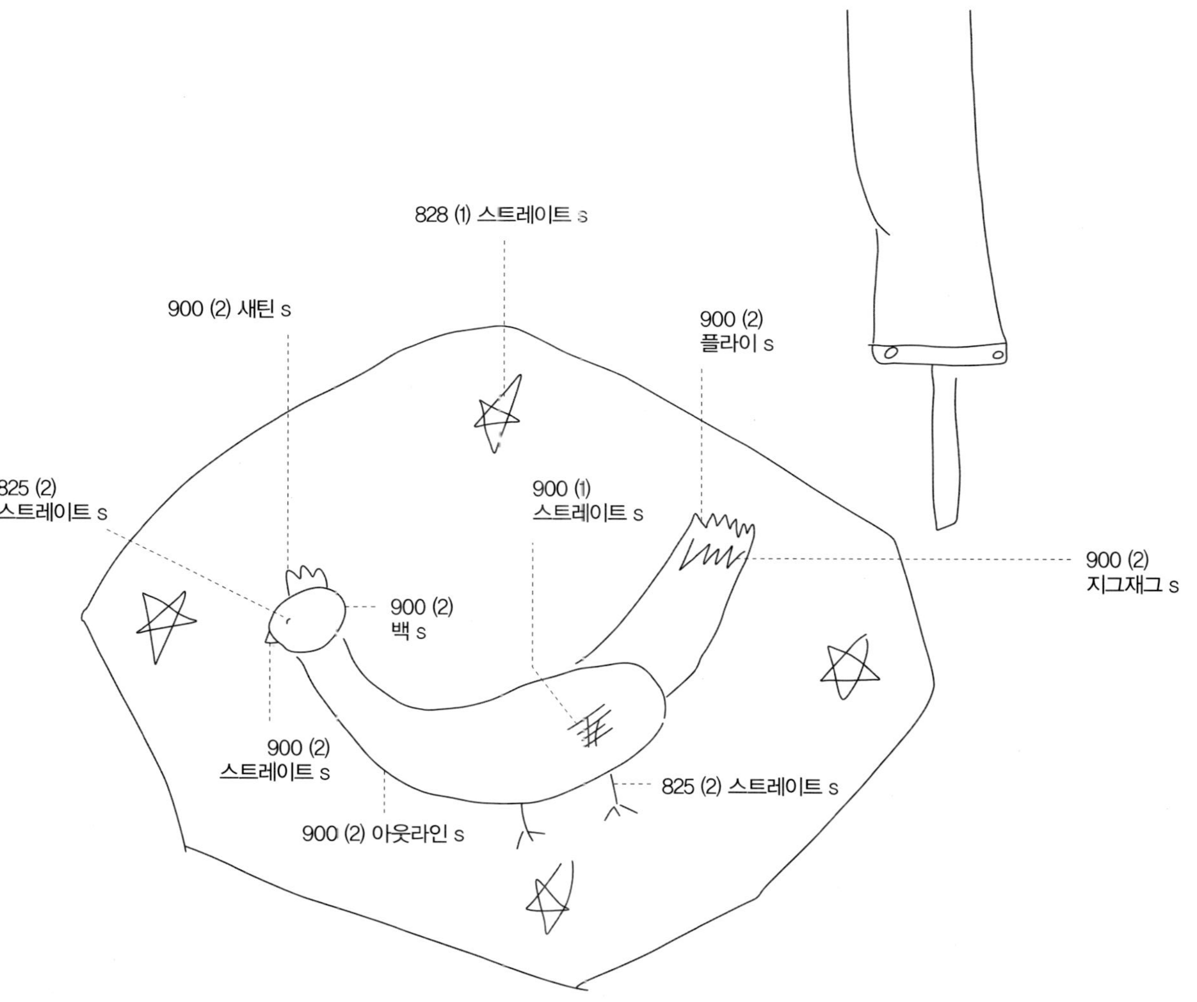

828 (1) 스트레이트 s
900 (2) 새틴 s
900 (2) 플라이 s
825 (2) 스트레이트 s
900 (1) 스트레이트 s
900 (2) 지그재그 s
900 (2) 백 s
900 (2) 스트레이트 s
825 (2) 스트레이트 s
900 (2) 아웃라인 s

안경집

닭 : 825, 900
풀, 벌레 : 310, 814, 989, 4045

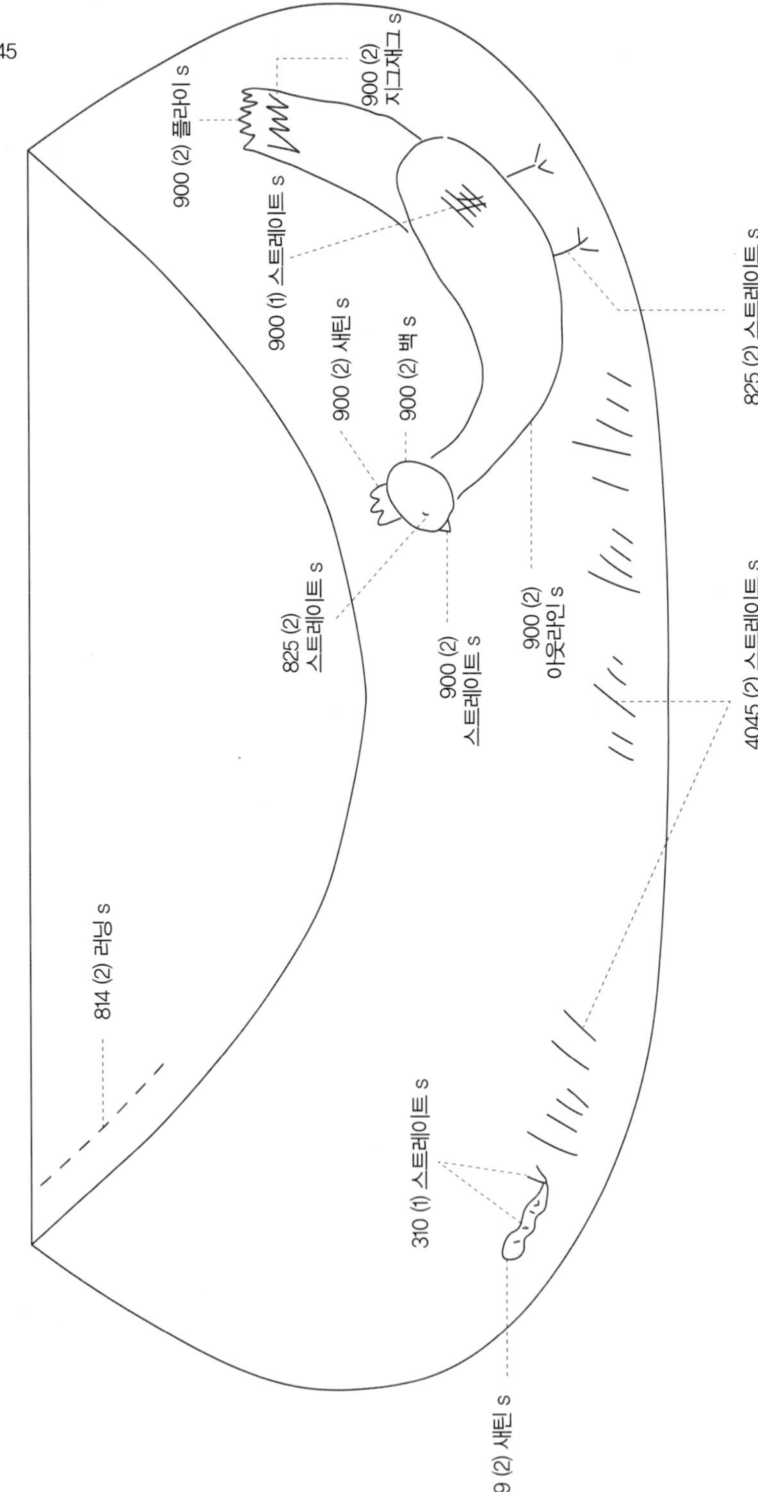

유리병 커버 1

310, 772, 817, 3347, 3799, ECRU

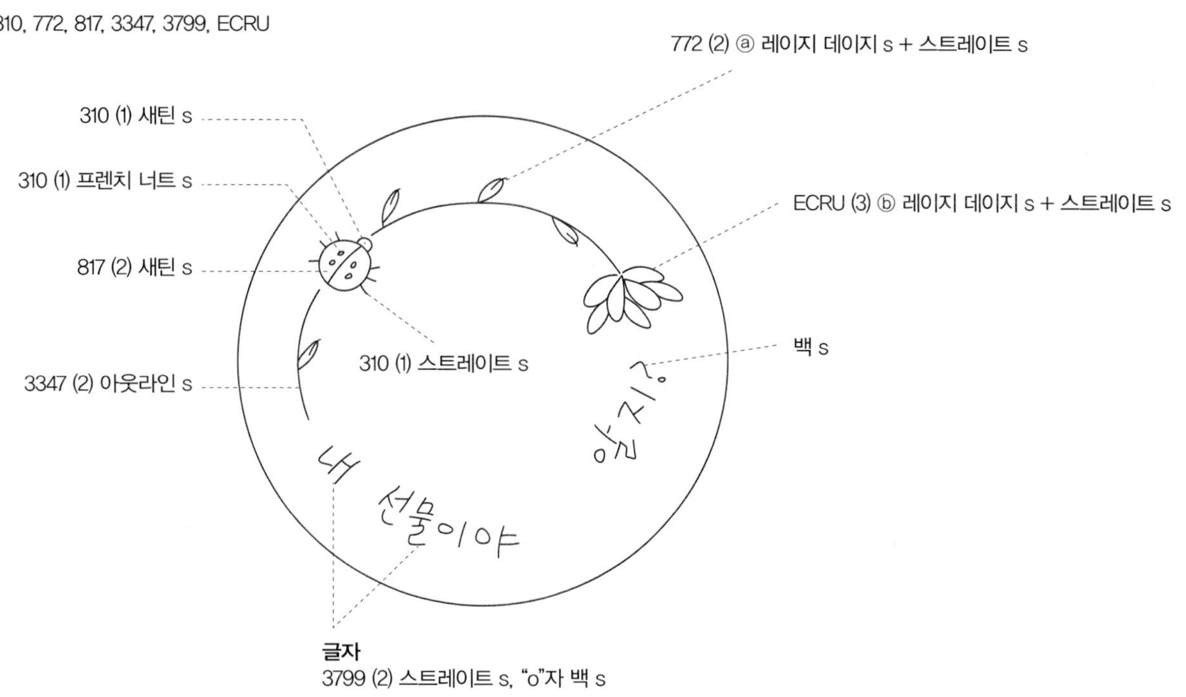

유리병 커버 2

413, 782, 783, 824, 921, 922, 972,
3825, BLANC

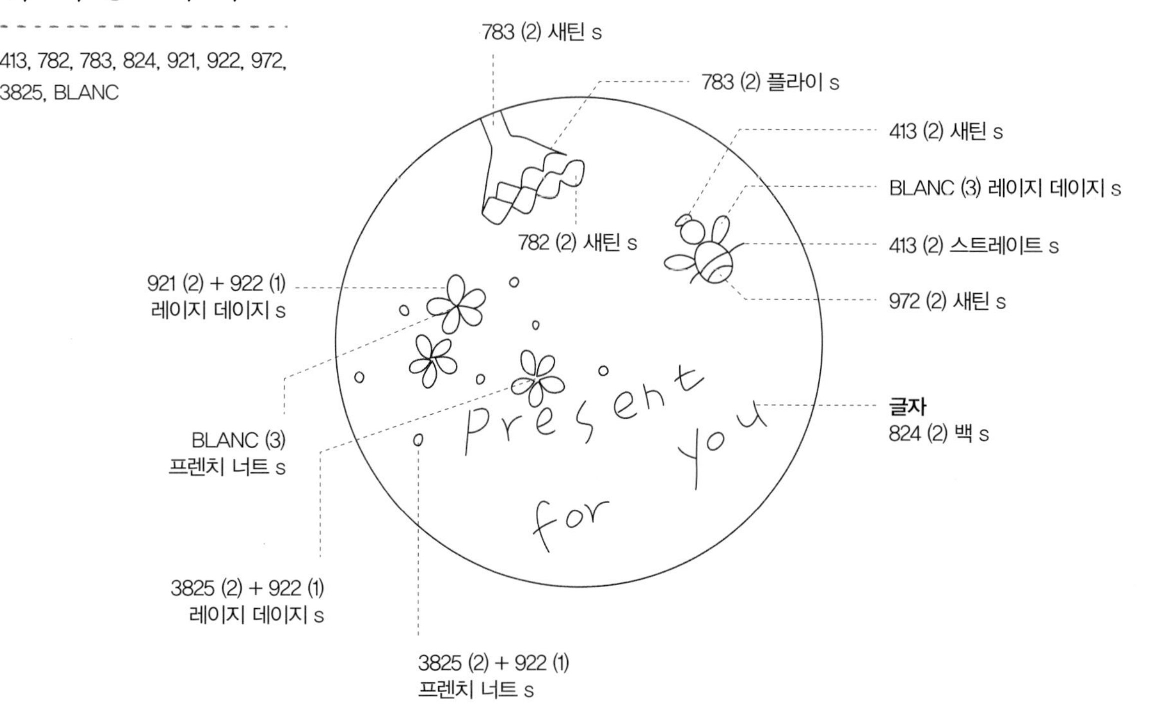

동거

- - - - 그리고 - - - -

162, 310, 407, 413, 436, 632,
782, 783, 817, 824, 921, 922,
972, 3346, 3347, 3799, BLANC

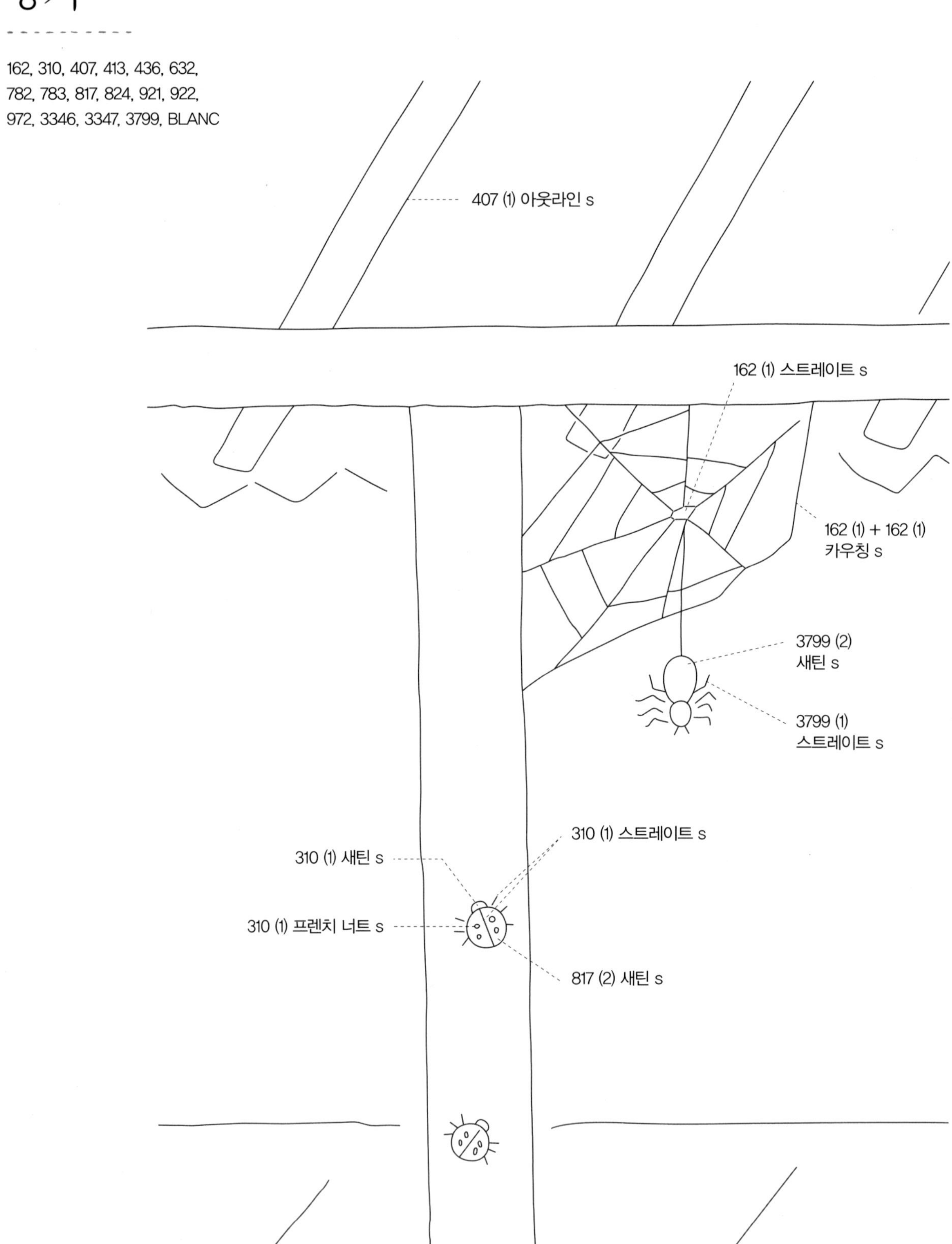

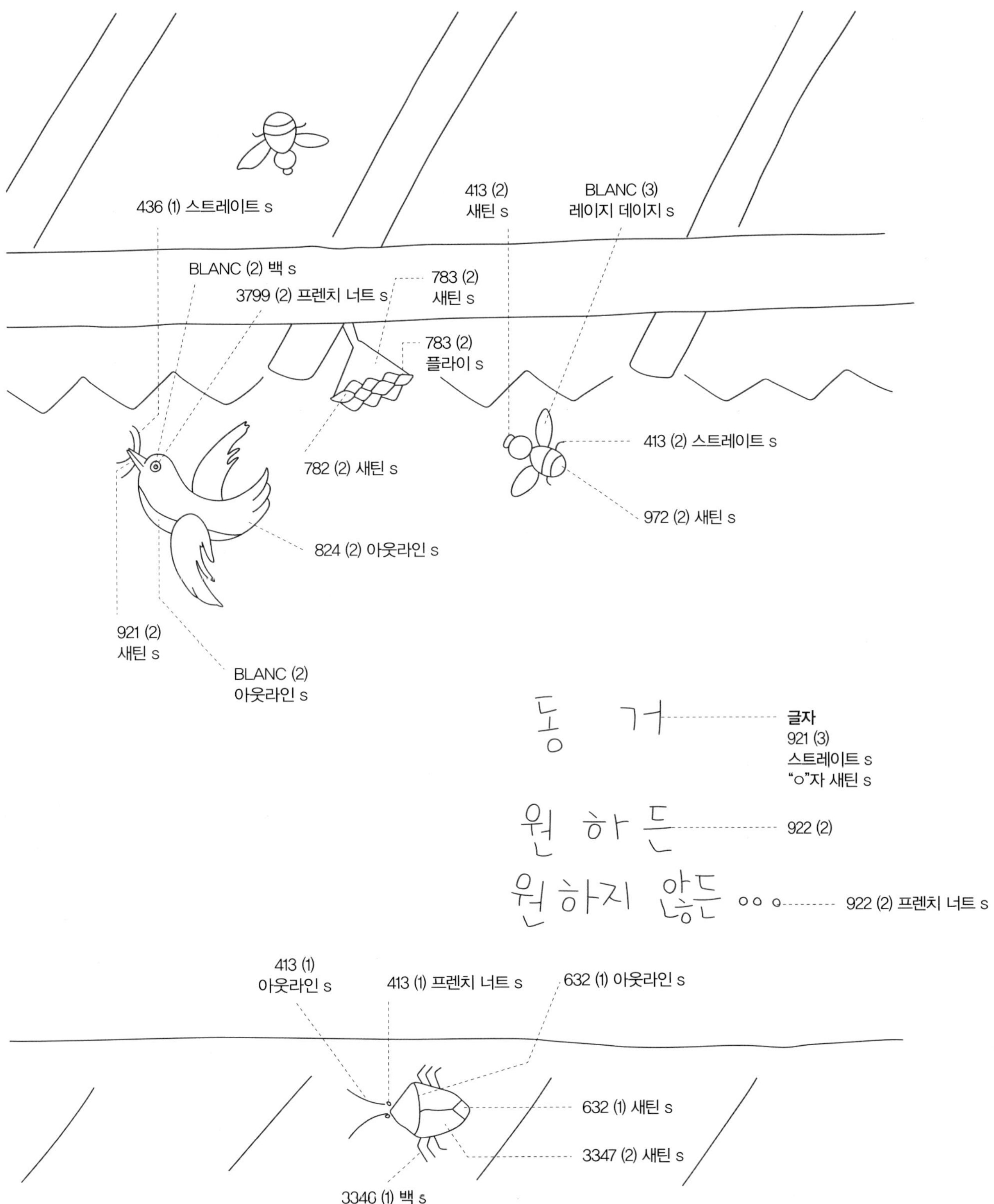

436 (1) 스트레이트 s
413 (2) 새틴 s
BLANC (3) 레이지 데이지 s
BLANC (2) 백 s
3799 (2) 프렌치 너트 s
783 (2) 새틴 s
783 (2) 플라이 s
782 (2) 새틴 s
413 (2) 스트레이트 s
824 (2) 아웃라인 s
972 (2) 새틴 s
921 (2) 새틴 s
BLANC (2) 아웃라인 s
동 거
글자
921 (3)
스트레이트 s
"ㅇ"자 새틴 s
원 하든
922 (2)
원 하지 않든 ㆍㆍㆍ
922 (2) 프렌치 너트 s
413 (1) 아웃라인 s
413 (1) 프렌치 너트 s
632 (1) 아웃라인 s
632 (1) 새틴 s
3347 (2) 새틴 s
3346 (1) 백 s

둥굴레

150, 955, 959, 964, 3812,
BLANC

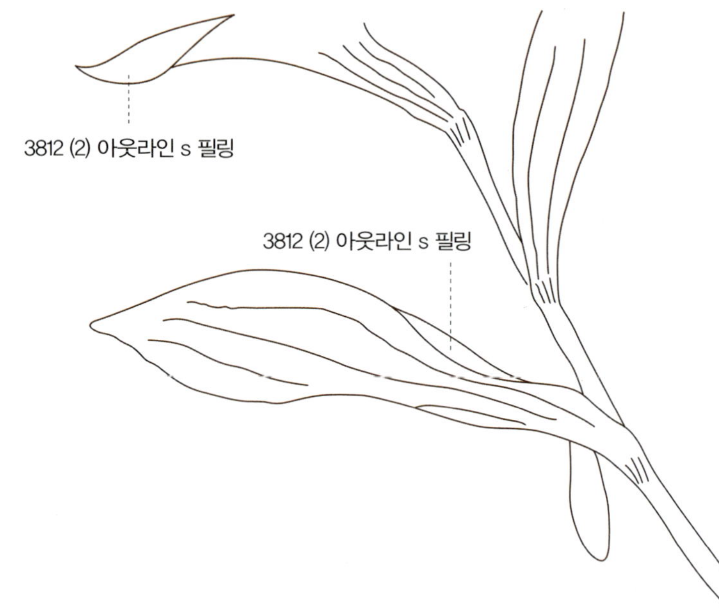

❶ 패디드 새틴(속수) s

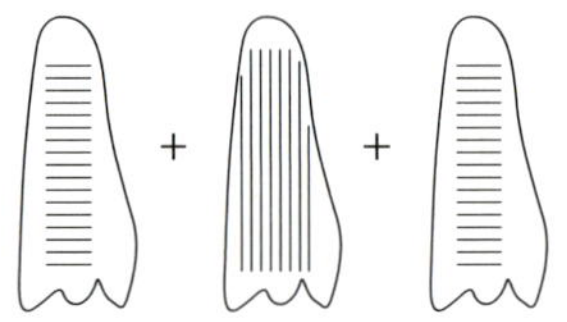

⋯▶ 패디드(속수) : 볼륨감을 주기 위해 심을 넣는 방법.
꽃이 도드라지게 보이기 위해 롱 앤 숏 스티치 하기 전
새틴 스티치를 하는데, 마지막 스티치와 반대 방향으로
수를 놓습니다.
여기서는 3번 새틴 스티치(가로→세로→가로) 했습니다.

❷ BLANC (1) 롱 앤 숏 s

❸ 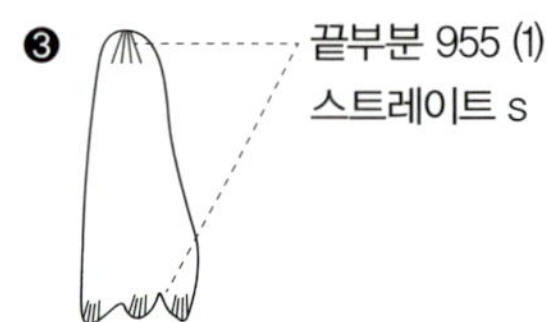 끝부분 955 (1)
스트레이트 s

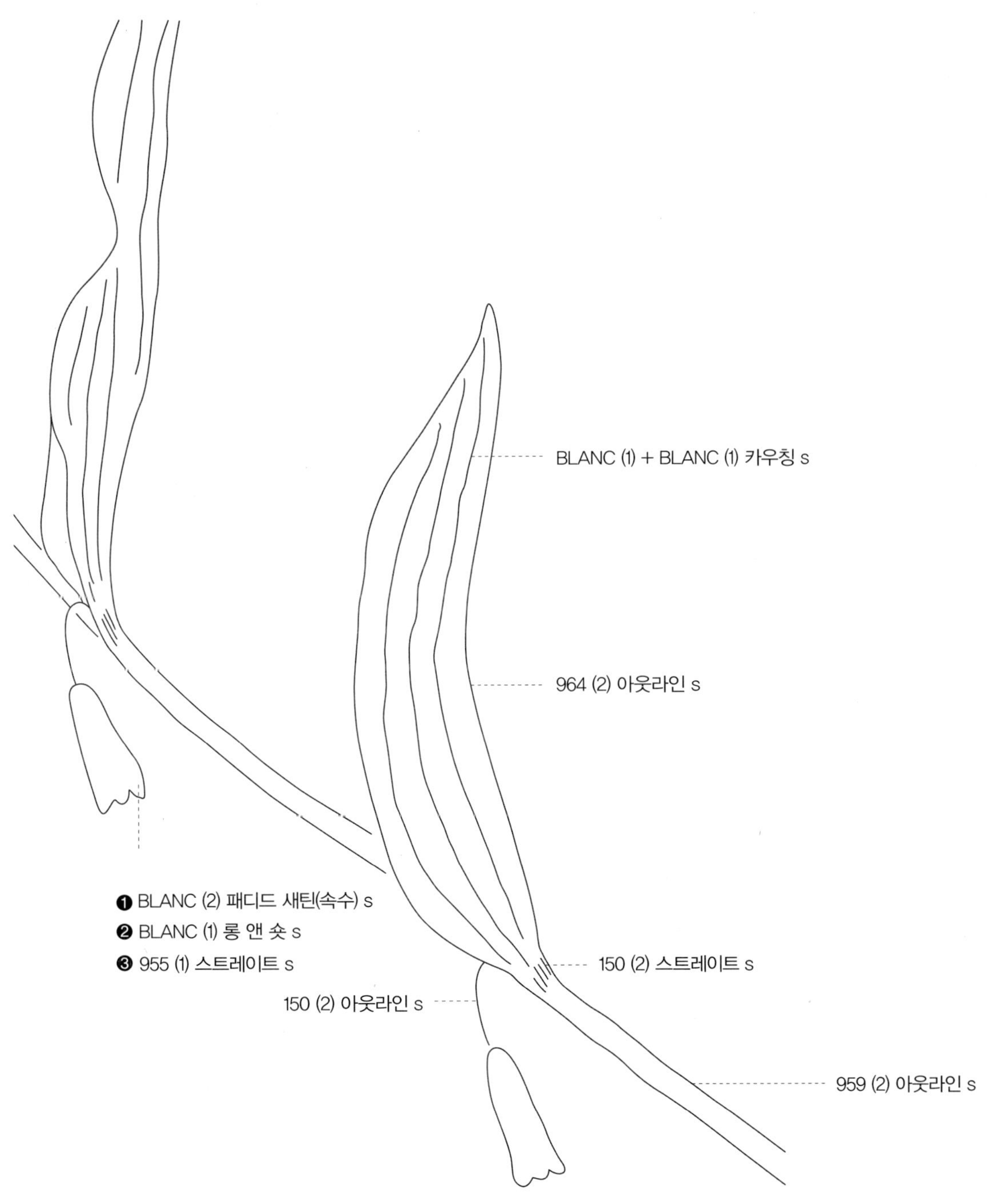

BLANC (1) + BLANC (1) 카우칭 s
964 (2) 아웃라인 s
❶ BLANC (2) 패디드 새틴(속수) s
❷ BLANC (1) 롱 앤 숏 s
❸ 955 (1) 스트레이트 s
150 (2) 스트레이트 s
150 (2) 아웃라인 s
959 (2) 아웃라인 s

딸기밭

321, 415, 3799, 3801, 3827

⋯→ 딸기와 뱀을 강조하기 위해 꽃이나 잎은 단색으로
표현하였습니다. 꽃, 잎, 줄기를 415 (1)로
플라이 스티치, 아웃라인 스티치, 스트레이트 스티치,
새틴 스티치, 시드 스티치 합니다.

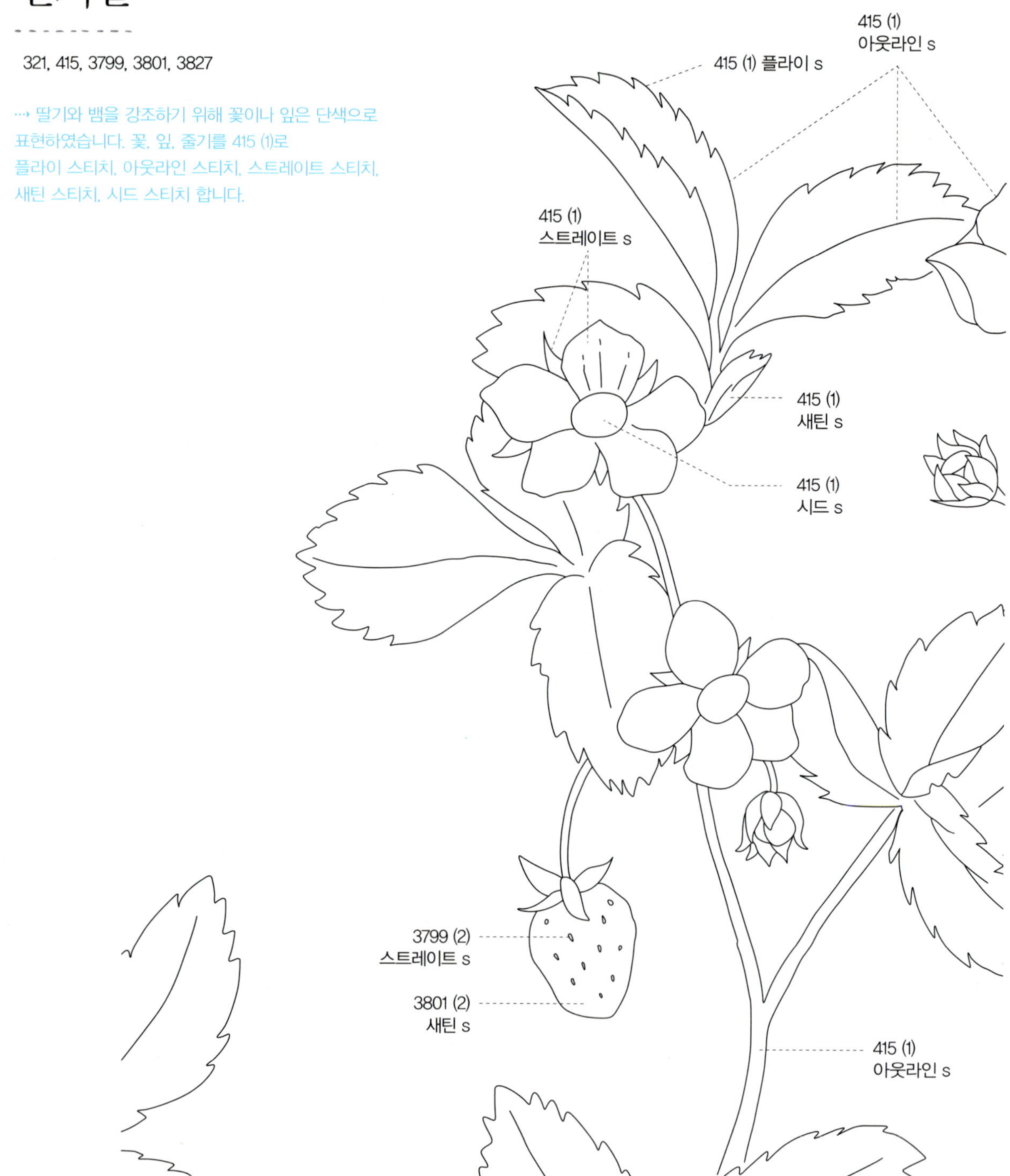

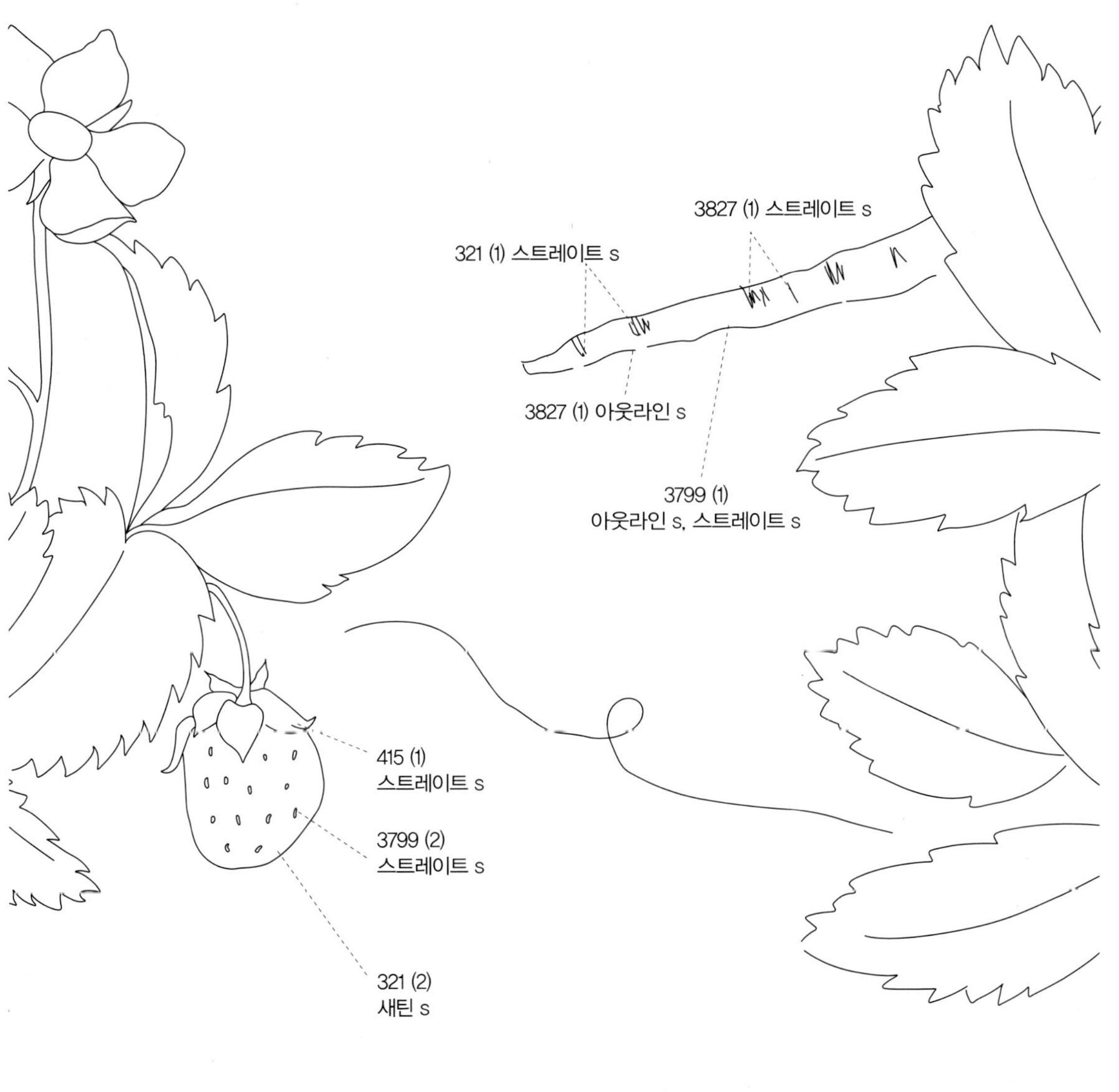

아 이 쿠 , 놀 래 라

글자
3827 (2) 스트레이트 s

지도 놀 라고
나도 놀 라고 ˳˳

" 딸 기 밭 에 서 "

오븐장갑

321, 505, 562, 3078, 3801,
3817, BLANC

앞면

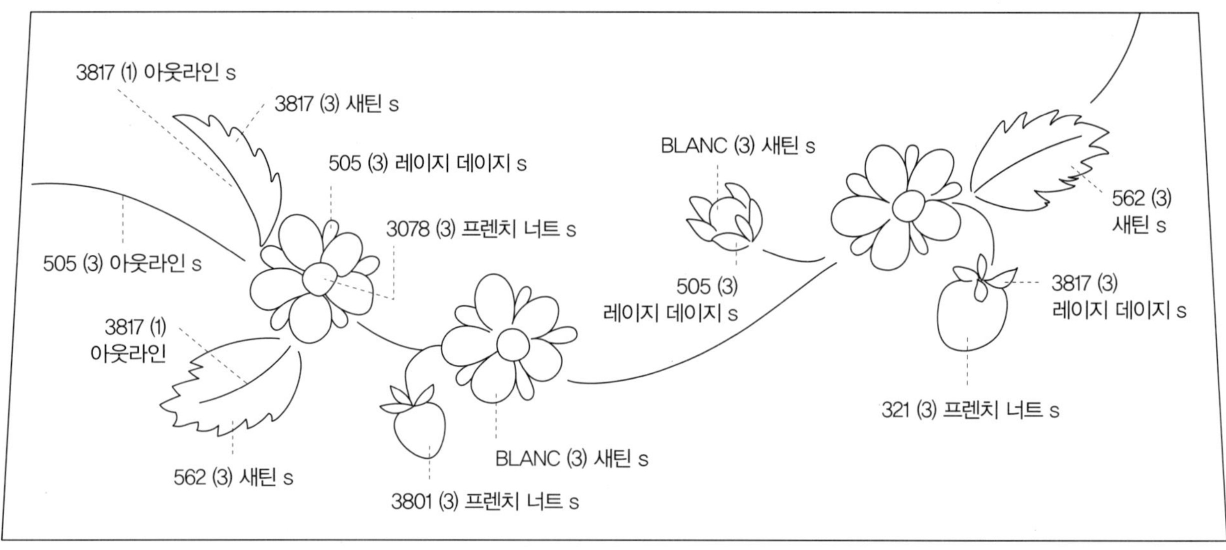

뒷면

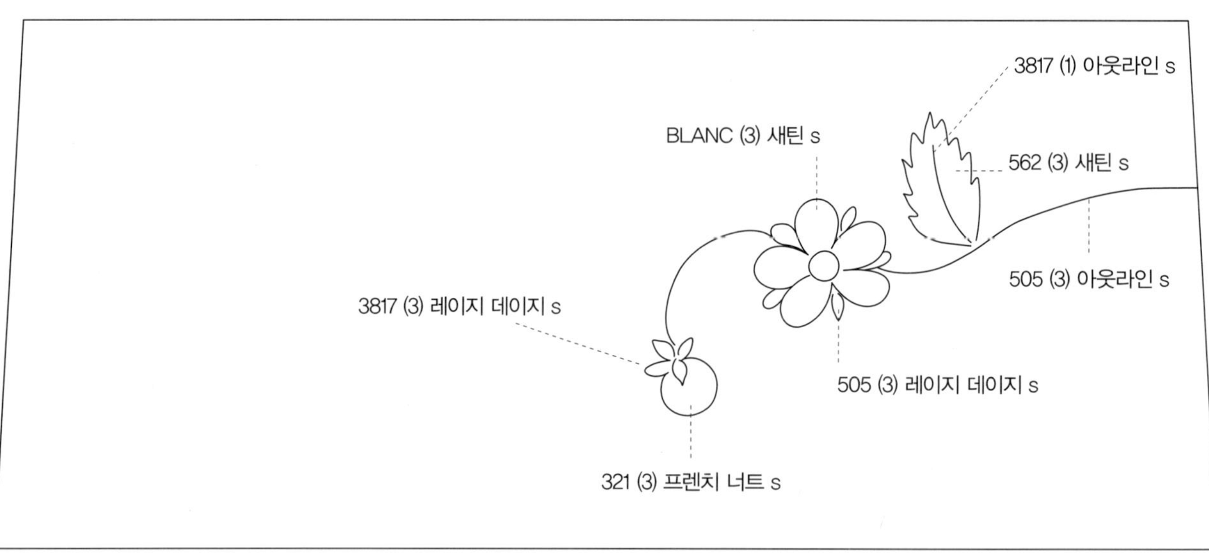

파우치

꽃 : BLANC
줄기 : 505, 562, 563
꽃술 : 955, ECRU, 452, 779

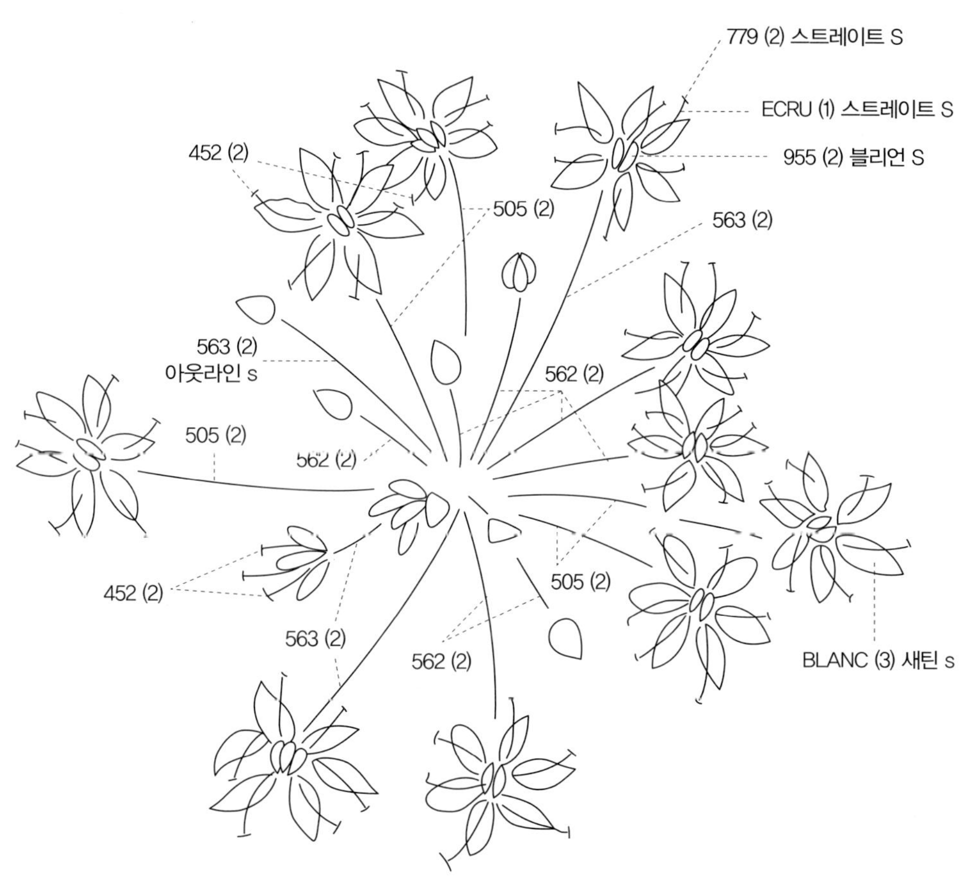

바늘꽃

꽃 : 4110, 4170
꽃술 : 3865, 452
줄기 : 993, 964, 959, 3813,
4210, 5번사 959, 5번사 993
잎 : 991, 992, 993, 3814
리본 : 445
글자 : 310, BLANC

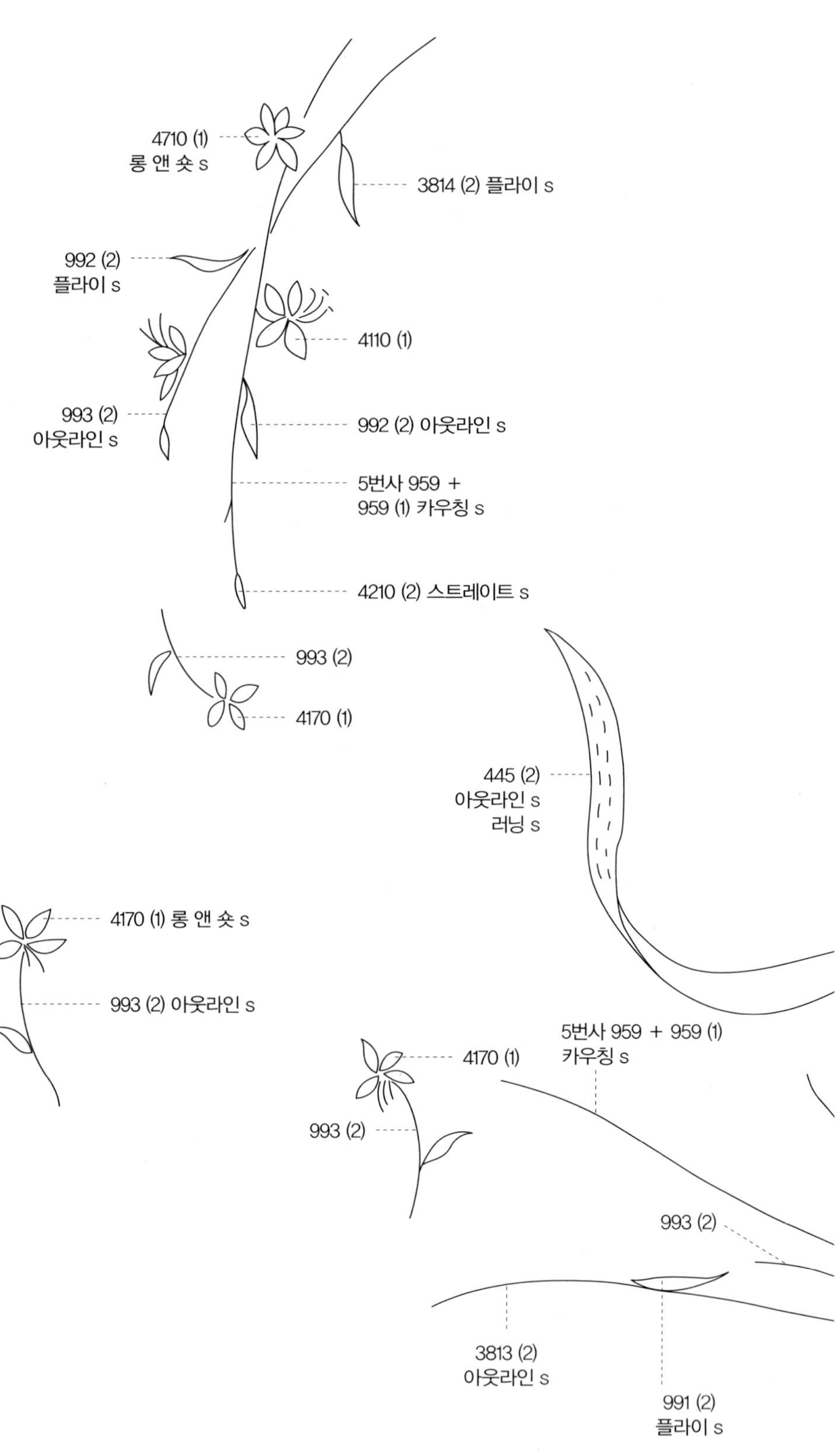

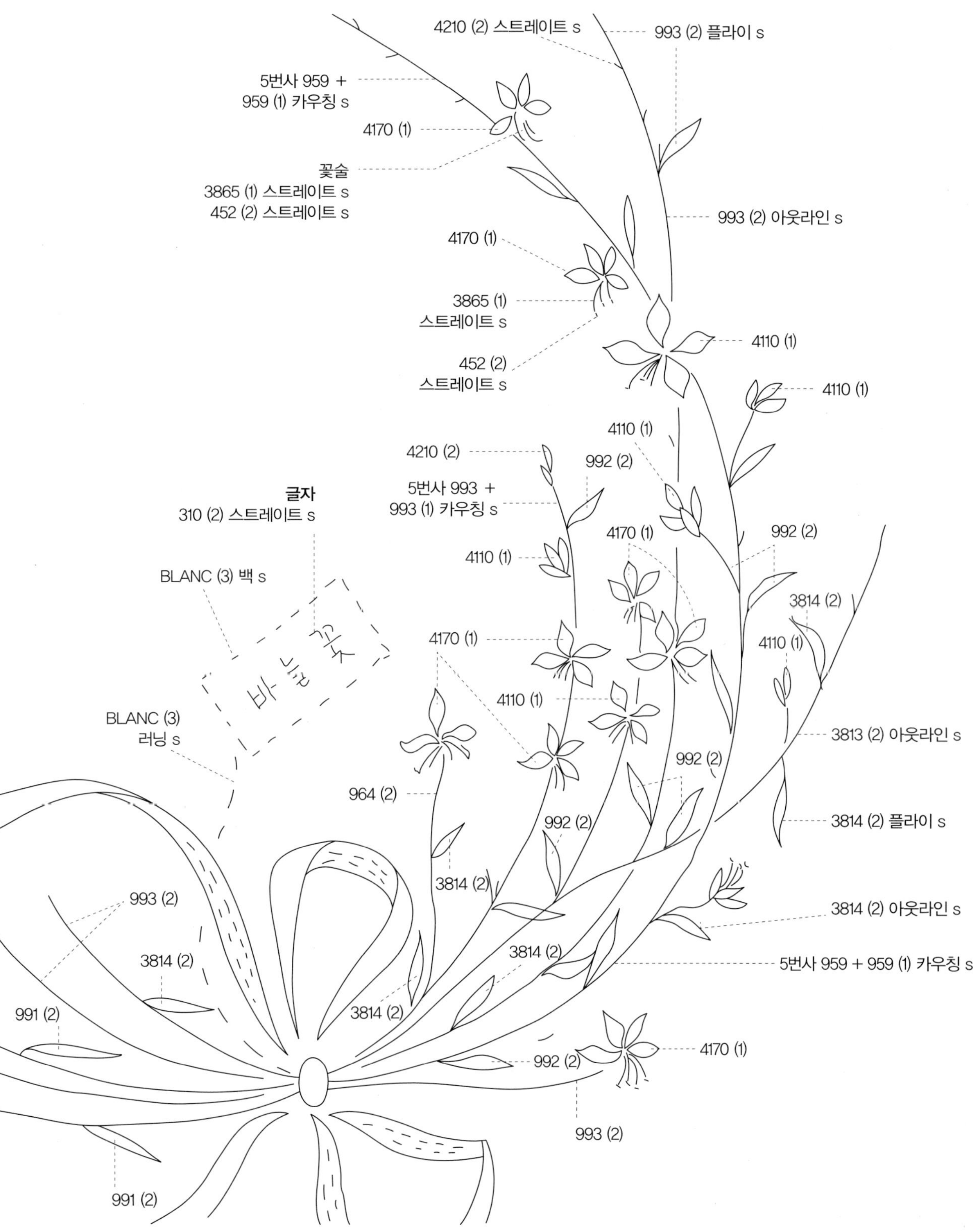

4210 (2) 스트레이트 s
993 (2) 플라이 s
5번사 959 +
959 (1) 카우칭 s
4170 (1)
꽃술
3865 (1) 스트레이트 s
452 (2) 스트레이트 s
993 (2) 아웃라인 s
4170 (1)
3865 (1)
스트레이트 s
452 (2)
스트레이트 s
4110 (1)
4110 (1)
4110 (1)
4210 (2)
992 (2)
5번사 993 +
993 (1) 카우칭 s
4170 (1)
992 (2)
4110 (1)
3814 (2)
글자
310 (2) 스트레이트 s
4170 (1)
4110 (1)
BLANC (3) 백 s
바느질
4170 (1)
4110 (1)
3813 (2) 아웃라인 s
BLANC (3)
러닝 s
992 (2)
3814 (2) 플라이 s
964 (2)
992 (2)
3814 (2) 아웃라인 s
993 (2)
3814 (2)
5번사 959 + 959 (1) 카우칭 s
3814 (2)
3814 (2)
991 (2)
3814 (2)
4170 (1)
992 (2)
993 (2)
991 (2)

바늘쌈지

452, 991, 993, 3865, 4110, 4210

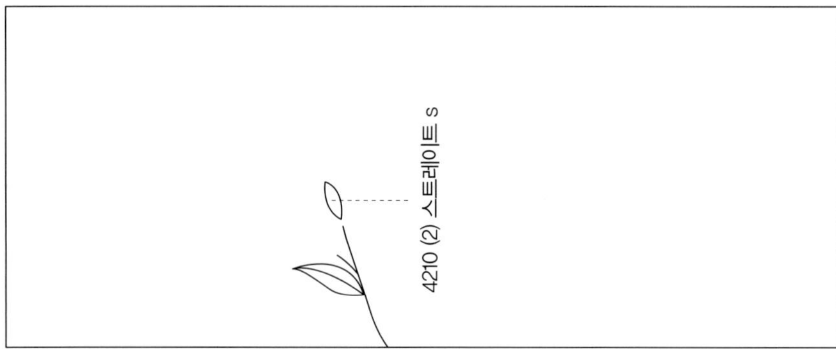

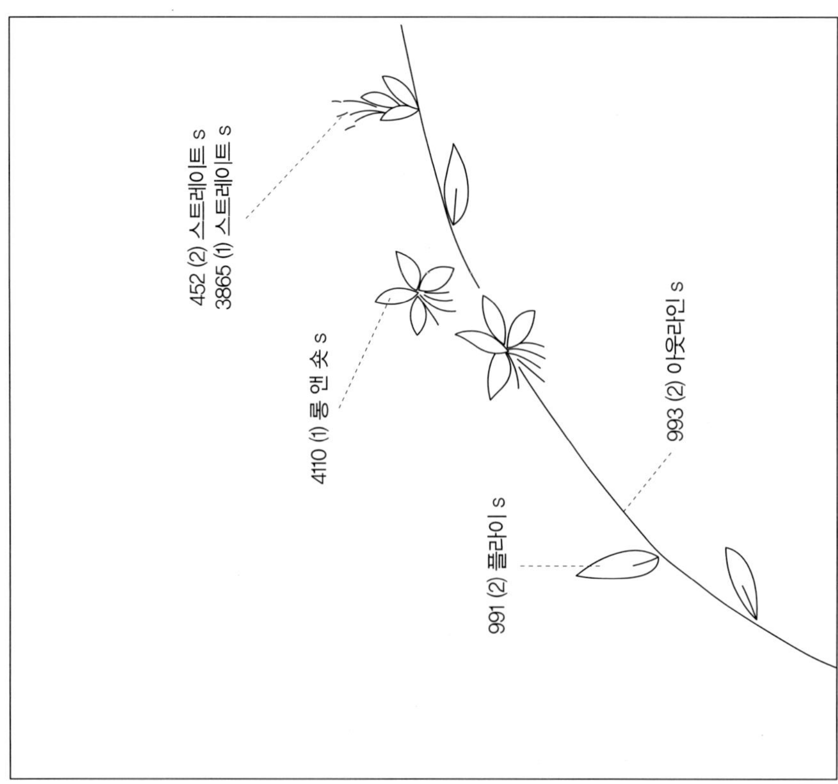

부추

꽃 : BLANC
줄기·꽃대 : 991, 992, 993, 3814
꽃술 : 3859, BLANC

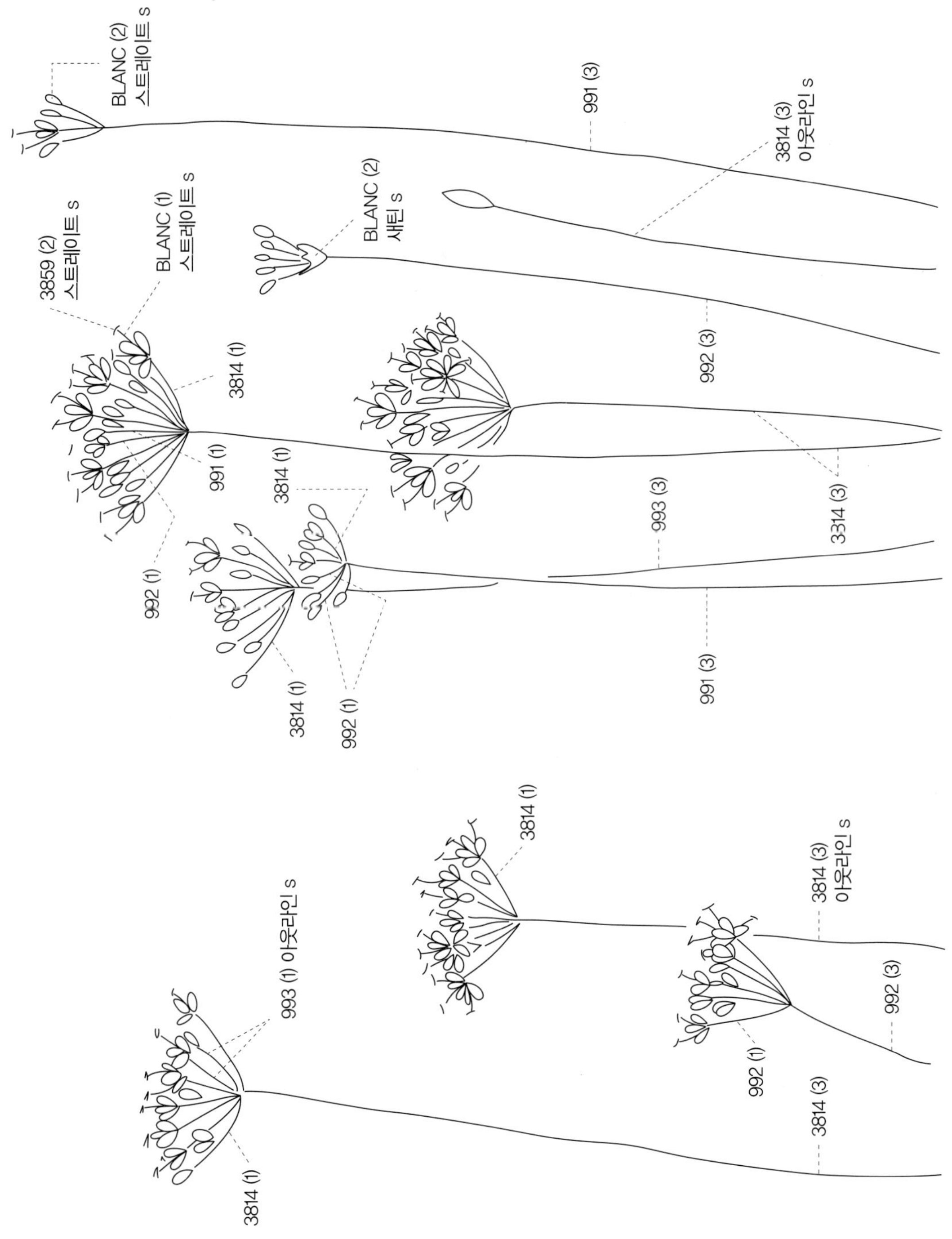

질경이

잎 : 164, 986, 987, 989, 3858
잎맥 : 3072
글자 : 816, 3072

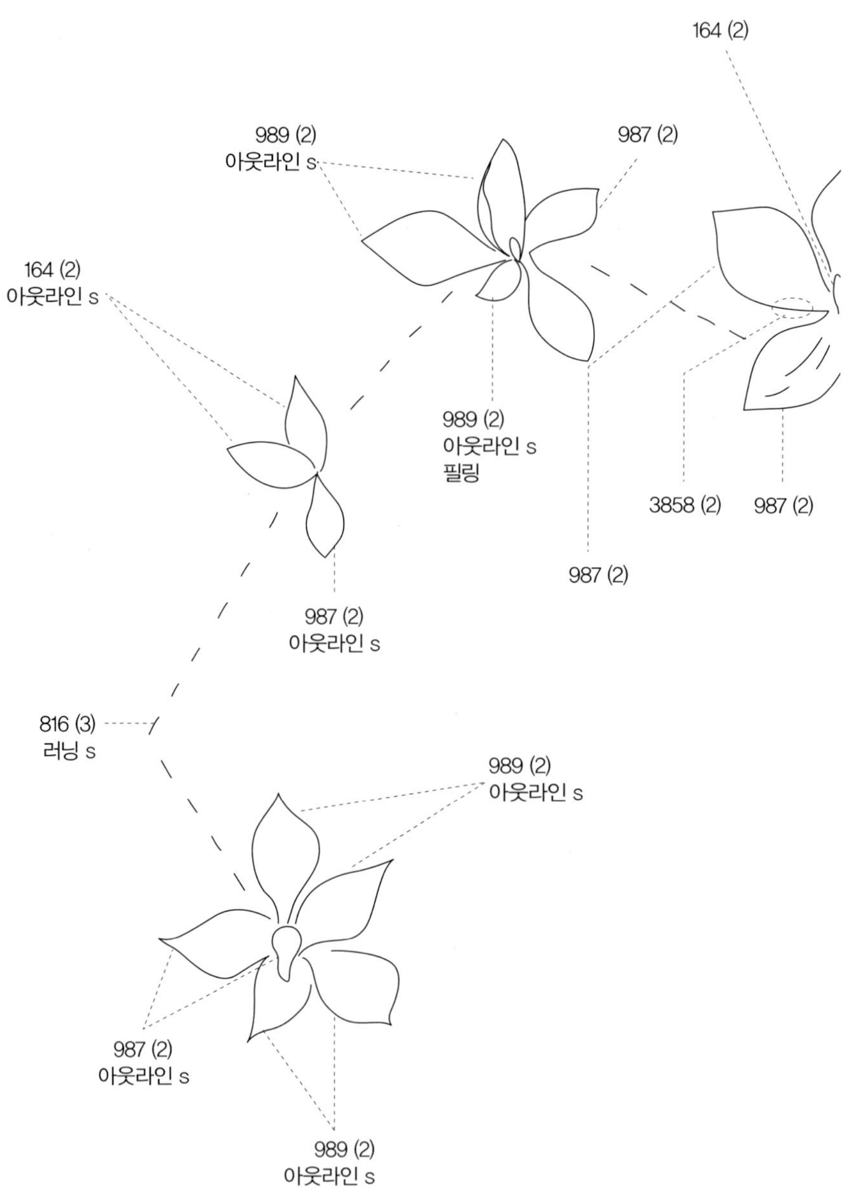

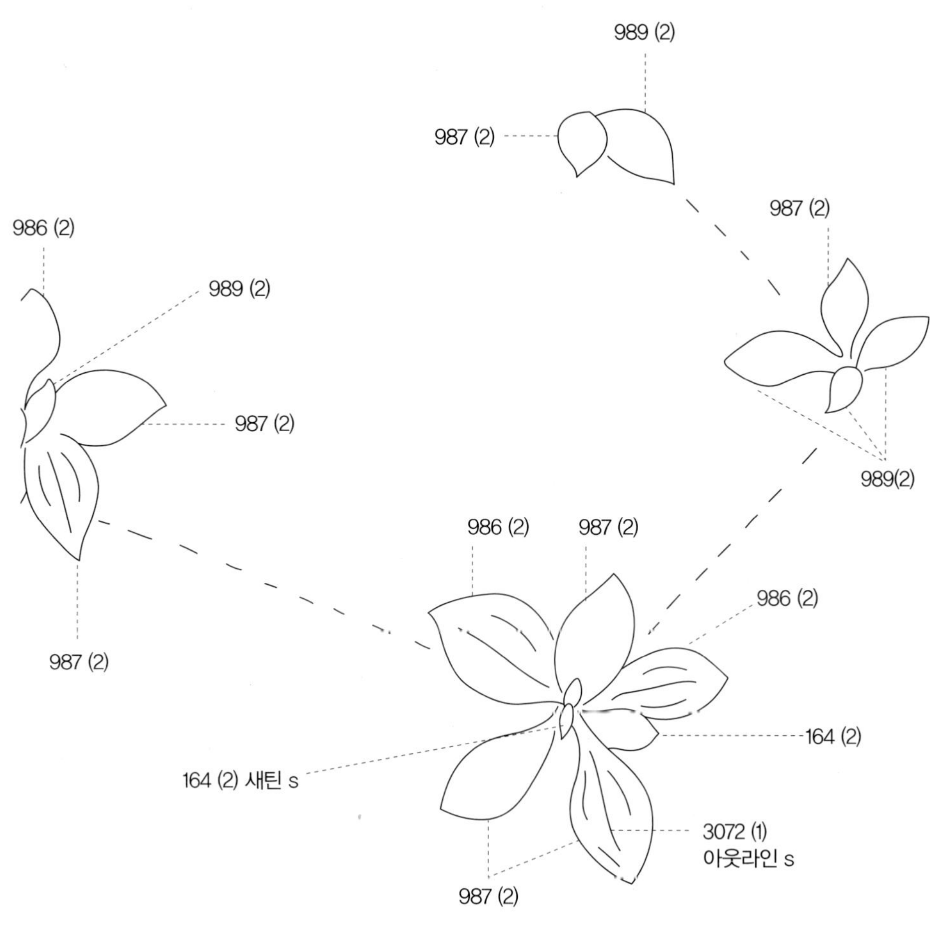

3072 (1) ······ 이른 봄 마당에 내려 앉을 별

글자 스트레이트 s
"ㅇ" 프렌치 너트 s　　　길 경 이

816 (2)

my tree {

실제 크기의 40%로 축소된 도안입니다.
250%로 확대복사하세요.

632, 816, 5번사 47, 5번사 472, 5번사 B5200

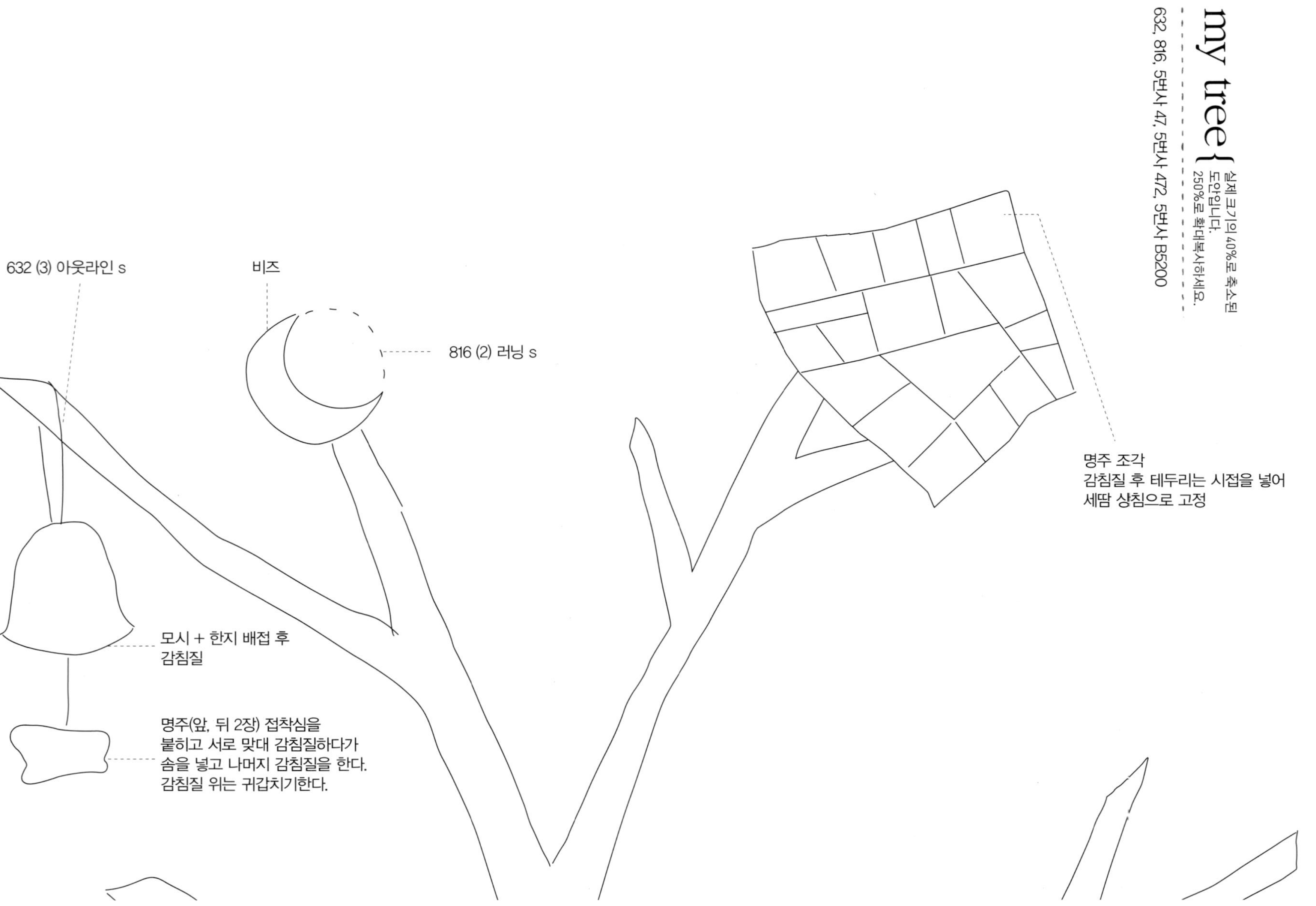

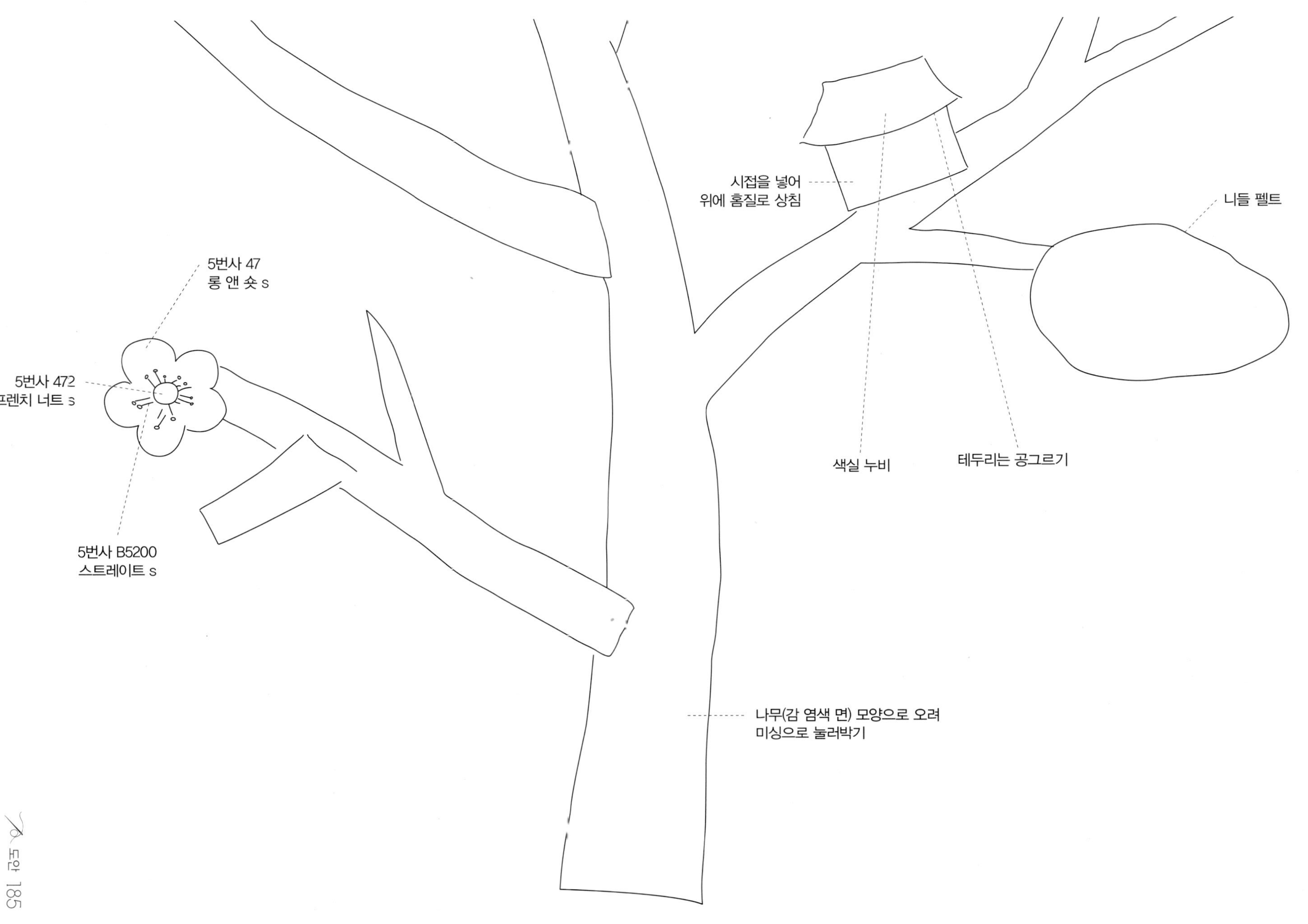

5번사 47
롱 앤 숏 s
5번사 472
프렌치 너트 s
5번사 B5200
스트레이트 s
시접을 넣어
위에 홈질로 상침
니들 펠트
색실 누비
테두리는 공그르기
나무(감 염색 면) 모양으로 오려
미싱으로 눌러박기

초판 1쇄 인쇄 2014년 12월 10일
초판 1쇄 발행 2014년 12월 15일

지은이 김희진

발행인 이웅현
발행처 (주)도서출판도도

전무 최명희
편집국장 백진이
교정·교열 박주희
디자인 김진희, 이미혜, 이지은
홍보·마케팅 이인택, 차은영

진행 한유랑
사진 버튼스튜디오

출판등록 제300-2012-212호
주소 서울시 중구 충무로 29 아시아미디어타워 503호
전자우편 dodo7788@hanmail.net
내용 및 판매문의 02)739-7656~9

ISBN 979-11-85330-17-4
정가 18,000원